_____ 님의 소중한 미래를 위해
이 책을 드립니다.

내 아이의
진짜 속마음
알기

내 아이의 진짜 속마음 알기

하브루타 질문 육아의 힘

이미은 지음

메이트북스 우리는 책이 독자를 위한 것임을 잊지 않는다.
우리는 독자의 꿈을 사랑하고,
그 꿈이 실현될 수 있는 도구를 세상에 내놓는다.

내 아이의 진짜 속마음 알기

초판 1쇄 발행 2019년 6월 10일 **| 지은이** 이미은
펴낸곳 ㈜원앤원콘텐츠그룹 **| 펴낸이** 강현규 · 정영훈
책임편집 안정연 **| 디자인** 최정아
마케팅 이기은 · 김윤성 **| 홍보** 이선미 · 정채훈 · 정선호
등록번호 제301-2006-001호 **| 등록일자** 2013년 5월 24일
주소 04778 서울시 성동구 뚝섬로1길 25 서울숲 한라에코밸리 303호 **| 전화** (02)2234-7117
팩스 (02)2234-1086 **| 홈페이지** www.matebooks.co.kr **| 이메일** khg0109@hanmail.net
값 15,000원 **| ISBN** 979-11-6002-238-4 03370

이 도서의 국립중앙도서관 출판시도서목록(CIP)은 e-CIP홈페이지(http://www.nl.go.kr/ecip)에서
이용하실 수 있습니다.(CIP제어번호 : CIP2019020918)

아이들이 자신을 포기하고
어리석고 하찮은 일에 시간을 보내는 가장 큰 원인은
자신들의 질문이 무시되고 호기심이 좌절되었기 때문이다.

• 존 로크(영국의 철학자) •

아이와 부모가
모두 행복해지는 질문 육아

"그만 좀 물어보세요!"

초등학교 5학년인 현민이가 부모님에게 한 말입니다. 도대체 부모님은 현민이에게 어떤 질문을 하셨을까요?

"선생님 말씀 잘 들었어?"

"친구랑 사이좋게 놀았니?"

"학원 갔다 왔어?"

"숙제했어?"

"오늘 뭐 했어?"

"배고프지 않니? 먹고 싶은 거 없어?"

현민이 부모님은 아이에게 지시적으로 말하기보다는 아이 의견을 들어보는 것이 좋겠다고 생각해 아이에게 말할 때는 질문으로 바꾸어 대화하고자 노력하는 분들입니다. 그런데 결과는 예상과 전혀 달랐습니다.

"우리 부모님은 정말 제 생각은 하나도 해주지 않아요. 그래서 부모님과는 대화가 안 돼요."

이것이 현민이가 생각하는 부모님의 현재 모습입니다. 현민이에게 부모의 노력은 하나도 보이지 않았던 것입니다. 부모님 역시 현민이가 '예' 혹은 '아니요'로만 대답하는 것에 속이 상해 있습니다. 질문을 했는데도 왜 이런 결과가 나왔을까요?

그 이유는 부모님의 질문 방법이 잘못되었기 때문입니다. 부모님의 질문은 대부분 아이에게서 궁금한 정보를 얻기 위한 것이었습니다. 게다가 단답형으로 끝날 수밖에 없는 질문 형태를 취하고 있습니다. 부모님은 아이에게 질문했을 때 아이가 자세히 길게 대답해주면 좋겠는데 '예'라고만 해버리니 대화를 더 진행하기 어렵다고 합니다.

사실 부모님도 질문에 익숙한 세대가 아니기 때문에 질문하기가 어렵습니다. 그렇다면 아이와 부모님의 대화를 잘 연결하기 위한 질문이 따로 있을까요? 쉬운 방법은 없을까요? 그래서 아이가 스스로 질문할 수 있는 '어떤' 매개체가 필요합니다.

부모님이 갑작스럽게 일방적으로 질문하면 뭐라고 대답해야 할지 아이도 막막합니다. 그런데 '책'이든 '뉴스'든 세상의 무엇이든 대화의 매개체가 있으면 질문하고 대화하기가 수월해집니다. 세상 이야기에 자기 상황을 대입하기도 하고, 책 속 주인공이 되어 자기감정을 드러내기도 합니다.

이미은 작가의 『내 아이의 진짜 속마음 알기』에서는 아이들의 질문이 '어떻게' 드러나고, 부모님과 아이의 대화가 어떤 방식으로 이루어지는지 저자와 아이들이 책과 함께한 다양한 경험을 담아서 전합니다. 아이가 던지는 질문을 제대로 바라보고 대화하게 되면 아이의 숨어 있는 감정을 토닥여줄 수 있고, 아이의 억압과 스트레스를 드러내 치유하도록 해주며, 공감으로 자존감이 자라도록 도와주게 됩니다.

이 책은 행복한 질문과 대화, 책과 함께하는 길에 등대와도 같은 역할을 합니다. 책과 함께 아이의 질문을 바라보고 공감하다 보면 어느새 아이의 자존감이 자라 있을 겁니다. 그뿐만 아니

라 부모님의 자존감도 커져 세상을 굳건히 살아가는 데 도움을
줄 것이라고 확신합니다.

아이와 함께 행복하게 성장하실 부모님, 아이와의 행복한 질문
과 대화를 이 책의 첫 장을 넘기면서 시작해볼까요?

모든 아이와 부모님을 응원합니다!

양경윤

『하브루타 질문 수업에 다시 질문하다』

『한 줄의 기적, 감사 일기』 저자

안계초등학교 수석 교사

하브루타 질문 육아로
아이의 진짜 생각을 읽는다

아이들은 우리가 스치는 순간에도 수많은 메시지를 뿜어낸다. 때로는 엉뚱하게, 때로는 간절하게. 아이들은 결코 생각 없이 말하지 않는다. 다만 어른들이 흘려들을 뿐이다. 아이가 하는 말은 모두 우리 아이 자체다. 아이의 내면이 고스란히 담겨 있는 현재다. 아이의 진짜 생각을 읽어줄 때 부모와 아이 마음이 하나가 되고, 비로소 아이는 내면의 힘을 갖게 된다. 아이의 자존감은 여기서부터 시작된다.

"엄마, 나도 빨강이가 될 수 있을까?"

캐드린 오토시의 『원』이라는 그림책을 읽을 때 아들이 한 질문이다. 빨강이는 색깔 친구들 중 가장 폭력적인 인물이다. 아들은 왜 남들은 다 나쁘다고 하는 빨강이가 되고 싶을까? 아들의 질문을 듣는 순간 당황스러웠다. 아들은 말수는 적지만 얼굴에는 늘 미소를 띠고 다니는 순수한 초등 저학년인데, 그런 아들이 하는 말이라 더 놀랐다. 자신을 괴롭히는 친구가 있다는 아들의 이야기를 듣고 나서야 나는 그 이유를 알았다.

아들은 자신을 괴롭히는 친구 때문에 마음에 상처가 큰 듯했다. 더 큰 문제는 엄마인 내가 이 사실을 전혀 모르고 있었다는 것이다. 시간이 꽤 흘렀는데도 짐작도 못했던 일이다. 만약 아들과 책을 읽고 질문으로 대화하지 않았다면, 아들의 질문에 나타난 진짜 생각을 읽지 못했다면, 어쩌면 지금까지도 아들 마음이 슬프고 힘든 이유를 몰랐을 것이다. 빨강이에 대한 질문은 아들의 심각한 현재 고민이었다.

말수가 적어서 늘 답답함을 느꼈지만 '그러려니' '괜찮겠지'라는 생각으로 스스로 합리화하며 하루하루를 스쳐 보냈다. 내가 답답한 만큼 아들도 많이 답답했을 텐데 그 사실을 놓친 것이 후회스러웠다. '어떻게 하면 내가 아들 마음에 더 가까이 다가갈 수 있을까?' 질문을 던져보니 이미 답은 나와 있었다. 이날처럼 아이가 먼저 말문을 열게 하면 되었다. 그것이 바로 아이 스스로 질문을 던지는 '하브루타 질문 육아'였다.

우리는 지금까지 우리가 먼저 질문하고 아이를 판단했다. 이제 질문의 주체를 바꾸면 오류를 줄일 수 있다. 그리고 부모가 아니라 아이를 주인공으로 만들어줄 수 있다. 아이가 질문하고 부모가 잘 들어주면 둘이 하나가 될 수 있다. 아이가 스스로 질문하게 하는 데서 공감이 시작된다. 내면의 힘을 키우면 아이 생각은 날개를 달고 온 우주를 누릴 수 있다. 그 출발점이 바로 아이 스스로 질문하는 것이다. 이것이 내가 하브루타를 하는 이유다.

단지 정신줄을 붙잡기 위해 늘 다짐한다. 아이와 나는 긴 여행을 하고 있다고. 『우물 파는 아이들』의 실제 인물인 살바 두트가 말했던 것처럼 '한 번에 한 걸음씩' '한 번에 문제 하나씩' 크게 심호흡하고 천천히 나아가려 한다.

아들이 자기가 좋아하는 공룡 피규어를 주문해놓고 기다리는 마음을 일기에 적었다. 일기를 옮기며 부모 역할을 생각해본다.

기다림은 무엇일까?

기다리면 어떤 점이 좋을까?

나는 택배를 기다리고 있다.

창문으로 택배차가 오는지 열 번도 넘게 본 것 같다.

기다림은 지루할 수도 있지만 나중에 좋은 것이 있어서 설렌다.

기다리는 것은 설레는 마음인 것 같다.

그래서 지금 나는 설레는 중이다.

아들의 말처럼 기다리는 것은 무엇일까? 기다리면 어떤 점이 좋을까? 우리는 가끔 잊고 지낸다. 아이를 키우는 것도 결국 과정인데 말이다. 매 순간이 아이를 키우는 행복한 과정인데도 결과에 집중하느라 과정의 기쁨을 모른 채 의미 없이 흘려보낸 적이 분명 있을 것이다. 아이가 느끼는 기다림의 설렘을 부모도 함께 느껴보면 어떨까?

부모가 아이 생각을 들여다볼 때, 숨겨둔 마음과 만났을 때 어떻게 하느냐에 따라 설렘의 순간에 함께 잠길 수 있다. 부모가 아이 마음의 후원자가 되면 아이의 자존감은 저절로 높아질 것이다. 이 책이 아이를 키우는 많은 부모님이 찰나의 기쁨을 발견하는 데 도움이 되기를 바란다.

끝으로, 나에게 마음의 문을 활짝 열어준 아동센터 아이들, 학교와 도서관에서 재잘재잘 참새 떼가 되어준 아이들, 늘 웃는 얼굴로 '이모 선생님'이라며 잘 따라준 아들 친구들에게 감사하는 마음을 전한다. 또 이 책을 쓸 수 있도록 몇 년 동안 하브루타를 같이 실천해온 선생님들께, 곁에서 늘 지지해주던 남편과, 엄마를 믿고 속마음을 전해준 아들과 딸에게 앞으로 더 많이 깨닫고 성장하겠다는 다짐의 말로 감사함을 대신한다.

이미은

차례 ───────────────────────────────────

1장 하브루타, 아이와 소통하는 최고의 도구

2장 **하브루타 질문 육아로 아이의 진짜 생각을 읽다**

질문하면서 생각 근육과 자존감이 자란다

 하브루타 질문 육아, 이렇게 해보자

5장 독서와 함께하는 하브루타 질문 육아

하브루타,
아이와 소통하는
최고의 도구

질문 육아는 아이 마음의 문을 여는 열쇠다.
질문 육아의 질문은 부모가 하는 질문이 아니라 아이가 스스로 하는 질문이다.
아이가 하는 질문에는 아이 생각이 고스란히 담겨 있기 때문에
부모가 자녀의 공감 짝이 되면 마음이 흐르는 대화가 가능하다.
하브루타 질문으로 아이의 마음을 열어보자.

유대인의 특별한 토론법, 하브루타

질문하는 습관이 똑똑한 아이를 만들고
토론하는 습관이 대화의 꽃을 피운다.

? 질문 문화가 오늘의 유대인을 만들었다

스타벅스, 배스킨라빈스, 던킨도너츠, 맥도날드, 허쉬, 코카콜라, 토이저러스, 코스코, 리바이스, 갭, 월트디즈니, 구글, 페이스북, 마이크로소프트, 인텔, 델컴퓨터, AIG, 골드만삭스…. 이들의 공통점은 무엇일까? 유명한 상표? 세계적인 기업? 외국계 회사? 모두 맞는 말이다. 하지만 무엇보다 놀라운 사실은 이들 모두 유대인이 경영하는 기업이라는 것이다. 석유회사뿐만 아니라 미국의 100대 기업 가운데 40%를 유대인이 소유하고 있다.

〈사이언스타임즈〉에 따르면 2017년 노벨상 수상자가 발표되자 언론들은 앞다투어 세 사람의 이름을 집중 조명했다고 한다. 노벨상 6개 분야 가운데 노벨 평화상을 제외한 5개 분야 수상자는 총 11명인데 그중 3명이 유대인이었기 때문이다. 역대 노벨상 수상자 기준으로 보아도 유대인 수상자는 아인슈타인을 비롯해 150명이 넘는다. 전체의 약 30%를 차지하는 대단한 숫자다.

유대인이 이처럼 세계적으로 두각을 나타내는 이유가 무엇일까? 그들에게는 습관이자 일상이 된 질문 문화가 있다. 그것은 바로 '하브루타'다. 하브루타는 나이나 성별에 상관없이 두 사람이 짝을 지어 질문하고 대화하고 토론하면서 최선의 해답을 찾는 공부법이다. 하브루타를 처음 우리나라에 도입한 전성수 교수의 말에 따르면 하브루타는 짝을 지어 질문하고 대화하고 토론하고 논쟁하는 것이라고 한다.

원래 하브루타는 유대민족이 3,500년 동안 지속해온 성경공부 방식이다. 경전의 의미를 잘 해석하기 위해 짝과 함께 질문하고 토론하며 최선의 해답을 찾는 방법이었다. 오랜 세월 이들의 질문은 공부뿐만 아니라 일상에 녹아들어 하나의 문화가 되었다. 이것이 바로 질문 문화다.

"오늘은 어떤 좋은 질문을 했니?"

유대인 엄마는 학교에 다녀온 아이에게 이렇게 물으면서 아이가 언제나 질문하도록 가르친다. 유대인 엄마는 아기가 배 속에 있을 때부터 질문을 던져 대화하며 태교를 한다. 엄마는 질문과 토론을 하며 아이가 스스로 생각할 수 있는 힘을 길러준다. 새로운 생각과 문제 해결 능력을 키워주기 위해서다.

우리는 살면서 당면한 문제를 해결하기 위해 뭔가를 선택해야하는 일과 계속 마주한다. 소소하게는 중국집에서 짜장면을 먹을지, 짬뽕을 먹을지도 고민한다. 아이들과 마트에 가면 과자 하나를 고르는 데도 한참 걸린다. 아이는 과자 봉지를 들었다 놨다를 몇 번이나 반복한다. 이럴 때면 우리는 대개 "아무거나 빨리 골라!"라고 소리친다. 유대인 엄마라면 이 순간 어떻게 했을까?

"네 생각은 어때?"

유대인 엄마는 일상에서도 "마따호쉐프(네 생각은 어때)"라고 묻고 아이와 한참 대화를 나눈다고 한다.

유대인들의 이런 질문 문화가 작고 대수롭지 않은 것까지 새롭게 바라보는 관점을 만들고, 최선의 해답을 찾을 때까지 토론하게 한다. 질문하고 토론하는 문화가 명확하고 고차원적인 사고를 하게 한다. 세계적인 영화감독 스티븐 스필버그는 "너를 둘러싼 세계에 '왜'라고 물어라"라고 했으며, 노벨 물리학상 수상자

알베르트 아인슈타인은 "중요한 것은 질문을 멈추지 않는 것이다. 결코 신성한 호기심을 잃어서는 안 된다"라고 했다. 언제 어디서나 품고 있는 그들의 '왜'라는 질문이 오늘날을 이끌어가는 창의적 원동력을 제공한 것이다.

현재 유대인 인구는 이스라엘 국내뿐만 아니라 세계적으로 분산되어 있는 유대인을 모두 합해도 약 1,500만 명, 즉 전 세계 인구의 0.2% 정도다. 이는 우리나라 경기도 인구와 비슷한 수치다. 이렇듯 유대인들의 숫자가 적은데도 이들이 언론, 정치, 경제, 법률, 과학 분야에서 막강한 영향력을 행사하는 것은 이들의 질문 문화 덕분이다.

❓ 유대인들의 남다른 가족 식탁 문화

유대인에게 식탁은 일주일 동안 있었던 일을 이야기하거나 각자의 고민과 바람을 나누는 자리다. 유대인의 하브루타는 식탁에서도 이어진다.

유대인 가정은 매주 금요일 저녁이 되면 모든 가족이 한자리에 둘러앉는다. 이날을 안식일이라고 하는데 안식일은 '일을 정지하다, 행동을 멈추다, 휴식하다'라는 뜻이다. 즉 안식일은 하던 일을 멈추고 쉬는 날을 의미한다. 안식일에 유대인 가족이 식탁에 모이는 이유는 태초에 하나님이 6일 동안 천지를 창조하고 7일째 되는 날에 쉬었으므로 인간도 그날을 지켜 거룩하게 쉬어야 하기 때문이다.

유대인은 이날 아무 일도 하지 않는다. 심지어 전깃불을 켜는 행위도 일을 하는 것으로 여겨 식탁 위에 촛불을 켜놓는다. 미리 준비한 음식을 먹으며 토요일 저녁때까지 식탁에 앉아 이야기하며 시간을 보낸다. 길게는 7시간이 넘도록 한자리에 있다. 이때 가족이 함께 시간을 보내면서 서로 깊이 있는 대화를 나눈다.

여기서 중요한 것은 부모의 태도다. 유대인 부모는 아이가 말할 때 전적으로 아이의 말에 귀 기울인다. 아이를 존중하는 태도로 아이 의견을 들으려고 노력한다.

"네 생각은 어때?"

"왜 그렇게 생각해?"

"어떻게 그런 생각을 했어?"

유대인 부모는 아이 생각에 관심을 쏟으면서 아이 스스로 감정을 표현하도록 가르친다. 아이 감정을 격려하고 지지하며 관계 형성에 집중한다. 부모의 사랑과 존중이 최우선이라고 생각해 아이의 자존감을 키워준다. 유대인이 자녀 교육을 집중적으로 하는 곳이 바로 금요일 저녁 안식일의 식탁인 것이다.

이렇게 서로 질문하고 대화하면서 부모와 아이 관계에 꽃이 핀다. 부모의 따뜻한 모습이 그대로 아이들에게 거울처럼 비추어져 아이들이 부모를 닮아간다. 즉 아이가 부모의 행동과 감정을 느껴 서로 편안함과 신뢰를 쌓는 거울효과^{mirroring effect}가 식탁 문화에서 나타나는 것이다.

스필버그 감독은 한 인터뷰에서 "당신의 상상력은 어디서 나오나요?"라는 질문을 받고는 이렇게 대답했다.

"내 상상력의 근원은 어머니입니다. 어머니는 제게 가장 큰 힘이 됩니다."

스필버그는 어린 시절 친구들이 동전을 던지며 유대인이라고 놀릴 때도, 따돌림을 당할 때도 자신을 이해해주는 어머니 덕분에 좌절하지 않고 이겨낼 수 있었다고 한다. 그의 어머니는 진심으로 아들을 이해하고 늘 곁에서 지지해주는 든든한 존재였다.

동료 선생님이 얼마 전 초등학교 아이들 수업 때 있었던 일을 들려주었다. 선생님은 교실에서 짝과 한마음 되기 놀이로 이구동성 게임을 했다. 산과 바다, 여름과 겨울 등을 제시하고 그중 하나를 말하라고 했을 때는 다들 즐거워하며 제각각 다르게 외쳤다. 천국과 지옥을 제시하자 아이들은 교실이 떠나갈 만큼 큰 소리로 "천국"이라고 외쳤다. 그런데 어디선가 조그맣게 "지옥"이라고 하는 소리가 들렸다. 알고 보니 전체 아이들 중 딱 한 명만 "지

28

옥"이라고 말했다.

"넌 왜 지옥이라고 했어?"

"지옥에 가고 싶어서요."

"왜 지옥에 가고 싶어?"

"게으르고 싶어서요."

아이는 왜 지옥에 가서 게으르고 싶다고 했을까? 아이에게 자세히 물어보니, 천국은 착한 사람들이 가는 곳이니 천국에 가서도 학원에 다녀야 할 것 같아서 그랬다고 했다. 아이는 착함을 강요받으며 한밤이 될 때까지 학원 스케줄을 소화하고 있었다.

이 이야기를 들으면서 엄마에게 솔직히 말하지 못하는 아이가 안타까웠다. 유대인 부모는 아이의 말뿐만 아니라 표정까지도 세심히 살펴 아이 행복을 지켜주는 것을 사명으로 생각한다. 질문과 대화가 오가는 가운데 아이의 모든 것을 세심히 살필 수 있는 유대인의 식탁 문화, 아이의 자존감을 살리는 가족 문화의 근간에는 하브루타가 있다.

하브루타 질문,
왜 중요한가

생각을 싹틔우는 방법은 무엇일까?
'왜'라는 질문을 품어보자

? 질문은 생각하는 힘

"질문이 정답보다 중요하다."

아인슈타인의 이 말은 무엇을 의미할까? 아인슈타인은 생각하는 힘에 대해 이야기하면서 "내가 죽을 상황에 처해서 목숨을 구할 방법을 한 시간 안에 찾아야 한다면, 한 시간 중 55분은 올바른 질문을 하는 데 사용하겠다"라고 했다. 질문한다는 것은 무엇이고, 생각한다는 것은 무엇일까?

"엄마, 이런 거 물어봐도 돼요?"

"당연히 물어봐도 되지. 무엇을 물어볼지 궁금한데?"

아직 질문이 익숙하지 않을 때, 아이가 무언가 궁금한 것이 있을 때면 질문에 앞서 입버릇처럼 꺼낸 말이다. 수업시간에도 아이들은 가끔 이런 질문을 한다. 그럴 때마다 나는 "세상에 멍청한 질문은 없어!"라고 말하며 아인슈타인의 말을 들려준다. 질문한다는 것은 내가 생각한다는 증거이고, 생각을 싹 틔우려면 질문해야 하기 때문이다. '왜'라는 물음 하나가 생각을 확장할 수 있는 씨앗이 된다.

아이들에게 그림책을 읽고 나서 질문하라고 하면 한둘은 꼭 이런 질문을 한다.

"사자가 어떻게 말을 해요?"

"나무가 왜 말을 할까요?"

"그림자가 왜 말을 할까요?"

그림책에서 등장인물이 대화를 하는 것은 당연하다. 책을 읽고 이런 질문밖에 하지 못하나 싶을 수도 있다. 하지만 아이들은 '왜'라는 물음을 품은 것만으로도 새로운 의미를 확장할 수 있다.

이순신 장군에 대해 수업할 때 한 아이가 만든 질문을 보고 짝이 물었다.

"이순신 장군의 키는 몇일까?"

"너는 왜 키가 궁금해?"

"장군이면 키가 몇 정도 되어야 할까?"

"190 정도?"

"왜?"

"키가 커야 위엄이 있어 보이고 병사들이 잘 따르지 않을까? 너는?"

"나는 키가 작으면 좋을 것 같은데."

"왜?"

"갑옷을 입고 있어도 키가 크면 일본군이 총알을 맞추기 쉽잖아. 이순신 장군이 키가 작으면 총알을 피하기 쉽고 또 오래 살아야 우리나라 백성을 지켜줄 수 있지."

"아! 그래, 작으면 더 유리하겠다."

이렇게 '왜'라는 물음으로 꼬리 물기식 토론을 하다 보면 식상한 질문에도 좋은 해답을 찾을 수 있다. 아이들이 질문을 하며 어떤 생각을 했느냐가 중요하다. 질문은 아이의 사고를 다각적으로 열어준다.

유대인은 "사람이 100명 있다면 해답이 100개 있다"라고 말한다. 이 말은 끊임없이 질문을 품고 하나의 생각에 또 다른 생각이 더해져 최선의 해답을 찾는다는 뜻이다. 무전기를 만들던 유대인 회사에서 휴대전화를 만들고 메모리장치(usb)를 만들어내기까지 질문이 없었다면 이들은 성공할 수 없었다. 당연한 것을 당연하게 받아들이지 않는 내 안의 물음표가 새로운 변화를 창출했다.

주변에서 흔히 볼 수 있는 물건, 예술품, 발명품, 창작물 등은 모두 물음표에서 시작했다. 이것이 바로 질문의 힘이다.

❓ 질문은 나를 깨우는 힘

나의 새장 문을 열 수 있는 사람은 '나'뿐이다. 내가 바뀌지 않으면 세상도 변하지 않는다. 질문은 나를 깨우고 내 삶을 가치 있게 담아내는 힘이다.

크리스토퍼 콜럼버스가 신대륙을 발견하고 영국으로 돌아오자 축하 파티가 열렸다. 많은 사람이 축하인사를 건네고 파티를 즐겼다. 그런데 그때 콜럼버스는 사람들이 자신을 비난하는 말을 듣게 되었다.

"뭐야! 그냥 배 타고 서쪽으로 쭉 가기만 하면 발견하는 것 아냐? 뭘 그리 대단한 일을 했다고 파티까지 여는 거야?"

이 말을 들은 콜럼버스는 잠시 생각에 잠겼다. 그러더니 한 손에 달걀을 높이 들어 보이며 큰 소리로 사람들에게 외쳤다.

"이 달걀을 테이블 위에 세울 수 있는 사람이 있습니까? 달걀을 세우는 사람에게는 내가 많은 상금을 주겠소!"

주위가 조용해졌다. 한참 기다려도 달걀을 세우겠다고 나서는 사람이 없자 콜럼버스가 말했다.

"자, 보시오! 내가 달걀을 세워보겠소!"

콜럼버스는 한 손에 높이 들고 있던 달걀을 테이블 위에 그대로 깨뜨려 세웠다. 이 광경을 지켜보던 사람들이 수군거렸다.

"그렇게 하면 누구나 다 할 수 있지!"

콜럼버스가 말했다.

"나는 달걀을 깨뜨리면 안 된다고 말한 적이 없습니다. 달걀을 세우라고만 했죠. 왜 여러분은 달걀을 탁자 위에 세울 수 없을 거라고 생각했습니까? 여러분에게 안 된다고 말한 사람은 누구입니까? 여러분 자신을 한번 돌아보시오!"

달걀을 세우라는 말에 왜 아무도 질문하지 않았을까? 왜 세우지 못할 거라고 단정했을까? 왜 다른 방법은 생각하지 못했을까? 이런 내 안의 울타리는 누가 만들었을까? 나를 가두고 있는 울타리에서 벗어나려면 어떻게 해야 할까?

'콜럼버스의 달걀'을 생각하다가 요즘 점점 휴대전화의 노예가 되어가는 초등 3학년 아들이 떠올랐다. 어떡하면 아들이 휴대전화를 좀 덜 사용하게 할지 고민중이었다. 그러다 『김대식의 인간 vs 기계』라는 책을 읽게 되었다. 미래 산업 전반에 대한 김대식 박사의 통찰을 담은 이 책은 인간과 기계의 알고리즘과 자유의지를 다루었다.

'인간이 기계를 지배할 것인가, 기계에 지배당할 것인가?' 아들을 위해 이런 주제를 활용해보고 싶어 자료를 찾다가 영국 드라마 〈휴먼스Humans〉와 『김대식의 인간 vs 기계』, 유발 하라리의 『호모 데우스』를 이용해 인공지능과 인공지능이 가져올 변화를 설명한 책그림의 유튜브 동영상을 발견했다. 그래서 아들과 함께 이 동영상을 보면서 질문하기와 대화하기를 했다.

"어때? 내가 움직이는 것이 내 의지가 아니라는데? 아들은 어떻게 생각해?"

"우리가 기계의 노예가 되는 거야?"

"그런 것 같지?"

"그럼 지배당하지 않는 방법을 생각하면 되잖아!"

"그래? 그러네. 그런데 어떡하면 우리가 기계에 지배당하지 않을까?"

평소 그토록 "휴대전화는 독이야. 그래서 줄 수 없어!"라고 할 때는 꿈쩍도 하지 않던 아들이 먼저 말했다.

"엄마, 그럼 내가 짜증내는 것도 진짜 휴대전화 때문이야? 그리고 내가 공부하기 싫고 휴대전화만 하고 싶은 것도 나도 모르게 휴대전화가 나를 지배해서 그런 거야? 난 휴대전화의 노예가 되기는 싫은데…."

아들은 잠시 뜸을 들이다 다시 물었다.

"엄마, 휴대전화를 내가 지배하려면 어떡해야 해?"

"너는 어떡하고 싶어?"

"휴대전화를 가지고 있으면 자꾸 하고 싶으니까 그냥 휴대전화를 쳐다보지 말까? 끈기의 마음을 한번 빛내볼게."

휴대전화에 푹 빠져 살던 아들이 동영상을 보고 난 뒤 함께 질문을 주고받으며 스스로 절제를 다짐했다. 이처럼 질문은 아들에게 자기 행동을 바라보게 했고, 스스로 자신을 깨우려는 노력을 하게 했다. 질문으로 나름 자기 성찰을 한 것이다.

'왜' '어떻게'라는 질문은 잠자고 있는 나를 깨우는 출발점이다. 내 안의 울타리에서 벗어나게 해주는 원동력이다.

하브루타 질문 육아란 무엇인가

질문 육아는 아이의 말문을 여는 열쇠다.
마음이 흐르는 대화를 가능하게 한다.

❓ 질문으로 아이의 마음 들여다보기

질문 육아는 아이의 마음 문을 여는 열쇠다. 질문 육아의 질문
은 부모가 하는 것이 아니라 아이가 스스로 하는 것이기 때문이다.

아이가 먼저 하는 질문에는 아이의 생각이 고스란히 들어 있
다. 단순한 궁금증은 물론 즐거운 상상, 호기심, 친구 관계, 가족
이나 부모와 관계, 고민, 걱정, 불안까지 아이를 둘러싼 모든 것
이 내포되어 있다. 질문은 아이의 현재다.

"왜 레이먼은 꽃병 그림을 계속 그렸을까?"

초등 3학년 아이가 피터 레이놀즈의 『느끼는 대로』라는 그림 책을 읽다가 던진 질문이다. 이 질문에는 과연 어떤 이야기가 숨어 있을까?

작품에 등장하는 레이먼은 그림 그리기를 좋아한다. 꽃병을 그리고 있는데 형 레온이 동생 레이먼의 그림을 비웃는다. 레이먼은 화가 나서 그림을 구겨버리고 다시 그린다. 형의 비웃음을 받은 레이먼은 계속 그림이 마음에 들지 않는다. 방 안은 구겨진 그림들로 채워진다.

여기까지 읽고 아이가 스스로 한 질문이다. 아이는 왜 이런 질문을 했을까? 아이에게 "왜 이 질문을 만들었어?"라고 물었다.

"우리 엄마는 꽃을 좋아해요. 그런데 생화만 좋아해요. 레이먼도 엄마에게 선물로 꽃을 그려주고 싶은데 아무리 그려도 생화 같지 않으니까 엄마가 싫어할까봐 계속 그린 것 같아요."

이 아이의 대답에 어떤 의미가 들어 있는지 짐작이 되는가? 질문을 만든 아이는 형제가 넷인 집의 둘째로 언니 한 명과 동생 두 명이 있다. 아이는 엄마와 둘만의 시간을 보내보고 싶은데 그런 적이 없다. 그래서 엄마가 좋아하는 꽃을 엄마에게 선물하면 자기를 예뻐할 것 같다고 했다. 그러면 엄마가 자기를 바라봐줄 거라고. 아이는 꽃을 살 돈이 없어서 그림으로 그려서 주고 싶은데 생화만큼 예쁘게 그려지지 않자 엄마가 싫어할까봐 슬프다고 말했다. 아이 질문에서 아이의 마음이 느껴졌다. 그리고 결핍된 엄마의 사랑이 질문으로 나타났다.

부모는 아이 말을 귀담아듣지 않을 때가 많다. 때로는 바쁘다는 핑계로, 때로는 '애가 알면 얼마나 알겠어'라는 생각에 무의식적으로 무시하는 경우가 있다. 이런 순간 아이는 부모에게 어떤 감정을 느낄까?

아이가 하는 질문은 아이의 현재를 나타낸다. 그 안에 아이만의 아우성이 담겨 있다. 소리 없이 나부끼는 깃발의 몸짓을 알아차리는 것이 부모의 역할이다. 아이의 질문에서 아이의 현재를 발견하려고 노력한다면 아이와 진정한 대화를 할 수 있다. 부모가 아이 말에 관심을 가지는 다정한 행위 자체가 마음을 여는 열쇠가 된다.

아이 마음을 읽으려는 것이 아이를 향한 관심이고 존중이다. 이것이 아이 자존감을 키워주는 첫걸음이다. 동기부여와 성공학 분야에서 세계적으로 유명한 브라이언 트레이시는 "우리 마음은 우리가 가진 가장 귀중한 소유물"이라고 했다. 그는 이 값진 선물을 얼마나 잘 발견하고 개발하고 활용하느냐에 따라 우리 삶이 달라진다고 했다.

질문 육아는 아이 질문에 나타난 귀중한 마음을 부모가 잘 읽어주는 것이다. 아이 마음을 잘 들여다보고 공감하고 지지하면 아이는 분명 자존감이 높아질 것이다. 부모가 아이의 내면세계를 알아차리고 공감할 수 있는 매개체가 바로 아이 스스로 만든 질문이다. 질문에 나타난 아이의 현재를 인식하고 공감하는 것이 내 아이가 행복하게 성장하는 데 필요한 부모의 역할이다.

❓ 부모가 자녀의 공감 짝 되기

유대인 엄마는 임신하면 태아에게 책을 읽어주고 이야기를 들려주는 '태담'을 매일 한다. 침대에서 잠들기 전 이불에 수놓인 성경 말씀을 태아에게 읽어주면서 도란도란 대화도 한다. 아이가 아직 배 속에 있지만 엄마는 이때부터 아이와 공감대화를 한다.

질문 육아는 부모가 아이 마음을 들여다보고 함께 이야기하는 공감 대화를 하는 것이다. 이때 부모와 아이가 함께하는 것이 가장 중요하다. 여기서 함께한다는 것은 부모가 중심이 아니라 아이 마음으로 둘이 하나가 된다는 뜻이다.

피터 레이놀즈의 『느끼는 대로』를 읽고 4학년 남자아이가 질문을 만들었다.

형은 어떻게 되었을까?

이 질문에 아이는 "형을 반 토막 내고 싶은 마음"이라고 대답했다. 조금은 살벌한 대답일 수 있지만 아이가 왜 이 질문을 만들었는지 안다면 안타까운 마음이 앞설 것이다. 아이는 왜 형을 반 토막 내고 싶었을까?

"형 때문에 화났어?"

"네."

"왜 화났어?"

"형은 제가 일곱 살 때부터 저를 때렸어요. 그리고 욕도 해요. 제가 화나서 엄마한테 이르면 엄마는 저랑 산책을 가요."

"엄마와 산책하면 기분이 빨리 풀리겠네?"

"아니요! 다시는 엄마와 산책하지 않을 거예요. 지루하고 재미없어요."

"엄마와 산책하는데 왜 지루해?"

"엄마는 제 손을 꼭 잡고 아파트 주변을 한 바퀴 돌아요. 그러고 나서 물어요. '화 풀렸어?'라고요. 그런데 제가 화가 안 풀려서 '아니요'라고 하면 엄마는 '그럼 한 바퀴 더 돌까?'라고 해요."

"왜 화가 안 풀렸는지 선생님한테 말해줄 수 있어?"

"제가 형한테 맞아서 화가 났으니까 엄마가 형을 혼내줬으면 좋겠어요. 그런데 엄마는 자꾸 산책만 하자고 하니까 이제는 엄마도 형만큼 싫어요."

"형을 혼내줬으면 좋겠다"고 말하는 아이는 다른 아이들이 싸웠을 때 드는 마음과 비슷한 마음이 든 것이다. 하지만 여기서 더 중요한 것은 무엇일까?

이 아이에게는 중학교 2학년인 형이 있는데 형은 공부를 꽤 잘한다고 한다. 그런데 형이 사춘기가 되면서 동생에게 폭언과 발길질을 하기 시작했다. 동생은 이때부터 형에게 마음의 문이 닫혀서 형의 작은 행동에도 관용을 베풀 수 없는 상태가 되었다. 둘이 싸울 때 엄마가 형에게 왜 싸우느냐고 물어보면, 형은 동생이 말을 안 들어서 어쩔 수 없었다고 변명하는데 엄마는 형의 말을 그대로 수용한다.

아이와 나눈 이 대화에는 많은 것이 담겨 있다. 아이는 한마디 한마디에 공감의 포인트가 어디인지 콕콕 찔러 가르쳐준다. 4학년 아이가 진짜 엄마에게 바라는 것이 무엇일까? 형을 크게 혼내거나 야단을 쳐서 중재하는 것일 테다.

아이와 엄마는 서로 방향이 다르다. 엄마의 행동을 보면서 아이는 엄마와 거리 두기를 선택할 수밖에 없다. 오롯이 아이 처지에서 아이 편이 되려면 어떡해야 할까? 엄마의 판단이 아니라 아이의 마음과 상황이 전제되어야 한다. 행동과 표정 뒤에 숨겨진 아이의 마음을 먼저 궁금해해야 한다.

공감 대화란 무엇일까? 아이 처지에서 내가 부모에게서 이해받고 존중받는다는 느낌이 들어야 한다. 하브루타는 짝을 지어 질문하고 대화하고 토론하고 논쟁하는 것이다. 즉 짝과 질문을 주고받으며 이야기하는 것이 하브루타다. 부모가 아이 마음을 알아주는 짝이 되어 격려하고 들어주는 역할을 하면 그것이 곧 공감 대화다.

아이는 부모의 관심만큼 성장하고 변화한다. 엄마만 있고 아이는 없었던 대화에서 아이도 엄마도 둘이 함께 존재하며, 서로 진심이 흐르는 대화를 하는 것이 바로 '질문'과 '이야기'가 있는 질문 육아다.

하브루타로
아이의 말문 열기

일방적으로 말하는 것을 멈추자.
대화의 출발점은 공감하며 들어주기다.

❓ 일방적인 말을 멈추고 경청하라

"말을 제일 잘하는 사람은 논리적으로 말하는 사람이 아니라
남의 말을 잘 들어주는 사람이다."

인터뷰를 무려 4만 번 이끌었던 미국의 유명한 앵커 래리 킹
이 한 말이다. 그는 경청이 대화의 90%를 차지해야 한다면서 대
화의 첫 규칙은 듣는 것에서 출발한다고 했다. 그가 1957년 미국
마이애미라디오 방송 진행자로 시작해 CNN에서 25년간 토크를
진행할 수 있었던 비결이 바로 경청이었다.

"엄마는 왜 내 말을 안 들어보는 거야?"

초등 2학년 석우가 자주 한 말이다. 바쁘게 일하던 엄마가 석우에게 여섯 살짜리 동생을 맡기며 책을 읽어주라고 한다. 석우는 동생과 책 한 권을 뽑아들고 소파에 앉는다.

"아영아, 표지 봐봐! 뭐가 보여?"

"개구리가 있어."

"개구리가 어디로 가고 있을까?"

"잘 모르겠어."

"잘 생각해봐. 생각나는 걸 모두 이야기해볼래?"

오빠의 질문에 아영이가 다시 모르겠다고 대답하자 주방에 있던 엄마의 날카로운 목소리가 들린다.

"석우야! 빨리 책 안 읽어주고 뭐해? 아영이가 기다리잖아!"

"선생님이 책 읽을 때는 이렇게 하는 거라고…."

엄마의 야단에 석우는 개미가 기어가는 목소리로 대답하다가 그마저도 그만둬버린다. 엄마의 날카로운 목소리가 한차례 폭풍을 몰고 왔다.

석우 엄마는 아이가 셋이다보니 아이 한 명 한 명의 이야기를 들어주기가 힘들다고 한다. 함께 대화할 때도 동시에 셋이서 각자 말을 하기 때문에 그대로 두면 서로 싸우거나 시끄러워서 대화를 할 수 없다고 한다.

그래서 상황을 멈추고 "조용히 좀해!"를 아이들보다 더 큰 소리로 외친 다음, 재빨리 아이들에게 전달 사항을 하나씩 지시할 수밖에 없다고 한다. 자칫 틈이라도 보이면 아이들 대열은 금세 허물어진다. 아이를 셋이나 키우다보니 전쟁의 연속이라 엄마는 '일방적인 명령'이 가장 편한 방법이라고 했다.

엄마는 다행히 이날 개미 소리만큼 작은 석우의 대답에서 '선생님이…'라는 말을 들었다. 늘 시무룩한 표정에 말수가 적은 아들 때문에 고민이었는데 석우의 마지막 말을 듣고 '아차' 싶었다. 석우가 그동안 왜 "엄마는 왜 내 말을 안 들어보는 거야?"를 자주 외쳤는지 알 것 같았다. 나름 자신의 방법으로 동생에게 책을 잘 읽어주고 있었는데 성급하게 군 자기 모습이 부끄러웠다. 결국 자신의 일방적인 지시와 명령이 아들의 말문을 막아버린 것 같아 미안했다.

대화의 사전적 의미는 '마주 대해 이야기를 주고받음'이라고 되어 있다. '마주 대해'는 무슨 뜻일까? 아마도 서로 대등하게 이야기한다는 의미가 들어 있을 것이다. 부모의 일방적인 말에 파묻혀가는 아이들의 목소리를 밖으로 꺼내려면 어떤 행동부터 해야 할까?

JTBC 프로그램 〈톡 투유-걱정 말아요 그대〉를 진행한 방송인 김제동을 '공감의 아이콘'이라고 한다. 그는 어떻게 해서 공감의 아이콘이 되었을까?

그 비결은 이 프로그램을 자세히 보면 알 수 있다. 여느 프로그램보다 여기에 나오는 방청객들은 자신이 의도하지 않았는데도 마이크를 가져가면 자기 삶을 있는 그대로 풀어낸다. 지극히 개인적이고 치부가 될 수 있는 이야기까지 하면서 눈물을 흘리기도 한다.

이들이 자기 고민을 편안하게 말한 이유가 무엇일까? 김제동이 어떻게하기에 이들에게서 말을 끌어냈을까? 김제동이 하는 일은 단 하나, 고개를 끄덕이며 "나도 그랬다" "여러분 마음 잘 안다"며 맞장구를 치는 것이었다. 이것이 김제동을 공감의 아이콘으로 만들어준 가장 큰 비결이다. 상대방이 하는 말을 진심으로 들어주는 경청이 사람들의 말문을 열게 한 것이다.

"무슨 말인지 다시 한 번 이야기해줄 수 있어?"

"그랬구나. 왜 그렇게 생각했어?"

"너는 어떡했으면 좋겠어?"

석우 엄마는 아무것도 하지 않고 1년 동안 이 말만 아들에게 했을 뿐인데 말이 없던 석우가 조잘조잘 참새가 되었다고 한다. 석우는 엄마의 경청 속에서 공감뿐만 아니라 존중, 말로 표현할 수 없을 정도로 많은 감정을 느꼈을 것이다. 내가 하고 싶은 말을 멈추고 아이의 말에 귀를 기울여줄 자세만 되어 있다면 아이의 말문은 곧 열릴 것이다.

❓ 마음을 헤아려라

부모님들과 독서 토론을 할 때 아기 울음소리를 들려주고 아기가 왜 우는지 맞혀보라고 한 적이 있다. '응애'라고 우는 아기 소리에 모두 귀를 쫑긋 세웠다. 아기를 키운 지 좀 되어 기억이 가물가물하다고 했지만 부모님들은 열정적으로 아기가 내는 울음을 경청했다.

"아무래도 배가 고픈 건 아닌 것 같아요."

"왜 그렇게 생각하셨어요?"

"뭔가 불편한 느낌이 전해져요."

그랬다. 태어난 지 5개월 된 조카 서연이가 한창 뒤집기를 할 때 녹음한 울음소리였다. 뒤집기를 해서 머리를 들고 있는데 제 뜻대로 다시 제자리로 돌아가지지 않자 힘들어 울음을 터뜨린 것이다.

엄마들은 아기가 울면 배가 고파서 우는지 졸려서 우는지 다 안다. 아빠보다 엄마가 더 잘 아는 이유는 무엇일까? 엄마는 항상 아기 옆에서 아기의 숨소리조차 놓치지 않기 때문이다. 아기

울음이 무엇을 원하는 소리인지 알아차릴 수 있는 것이 바로 마음 헤아리기다.

아이들의 감춰진 마음이 질문으로 잘 드러났던 책 중 하나가 송미경 작가의 『돌 씹어 먹는 아이』다. 이 작품은 연수라는 아이의 독특한 가족 이야기를 담아서 초등·중등 아이들이 궁금증과 호기심을 보이며 접근한다. 이 책의 내용을 간단히 소개하면 다음과 같다.

연수네는 각자 말 못할 고민을 안고 살아간다. 가족 구성원이 저마다 좋아하는 음식이 좀 특이하기 때문이다. 연수는 조약돌, 누나는 쥐, 엄마는 케첩 바른 못, 아빠는 흙을 좋아한다. 가족은 서로 들킬까봐 눈치를 보며 더 깊이 비밀을 만든다. 가족은 자기 취향을 이야기할 용기를 내지 못한다. 그러던 어느 날 연수의 용기 덕분에 처음으로 가족이 둘러앉아 각자 사연을 풀어낸다. 모두 울면서 자기 비밀을 이야기했을 때 가족은 비로소 서로 다독이며 그동안 힘들었을 마음을 이해하고 공감해준다. 이 책은 연수네 가족이 각자 사연을 인정하고 존중하면서 행복하게 소통하며 끝난다.

이 책을 읽고 난 뒤 초등 3학년 창수는 다음과 같은 질문을 만들었다.

연수는 조약돌을 왜 먹었을까?

연수 가족은 왜 이상한 것을 먹을까?

누나가 쥐까지 먹은 이유가 무엇일까?

엄마한테 왜 비밀로 했을까?

만약 나라면 이야기했을까?

연수가 비밀을 이야기했을 때 엄마가 화를 안 냈는데 기분이 어땠을까?

우리 엄마는 왜 내가 힘들 때 야단만 칠까?

우리 엄마는 왜 동생만 좋아할까?

엄마는 왜 나를 싫어할까?

우리 집은 왜 돈이 없을까?

이 질문을 만든 창수는 지금 마음이 어떨까? 질문 뒤에 감춰진 창수의 고민은 무엇일까? 창수의 질문을 살펴보면 질문이 대부분 엄마와 관계되어 있다는 것을 한눈에 알 수 있다. 내가 창수 엄마라면 이럴 때 어떡해야 할까?

창수 엄마는 평소 창수가 사려 깊은 아이라고 생각했다. 형과 동생 사이에서 가장 잘 참는 아이였기 때문이다. 네가 동생이니까 봐주라고, 오빠니까 참으라고 하는 엄마의 야단에도 창수는 저항하기보다 수용하기를 더 잘했다.

그런데 창수는 엄마가 자기를 싫어한다고 생각했다. 내성적인 창수는 어쩌면 엄마의 야단을 수용한 것이 아니라 엄마에 대한

서운함을 쌓았는지도 모르겠다.

창수는 엄마와 대화하는 게 힘들다고 했다. 책에서 연수네 가족이 도시락을 싸가지고 계곡으로 놀러가는 장면이 있다. 이 부분을 보고 창수는 "제가 엄마에게 놀러가고 싶다고 하면 엄마는 항상 '돈이 어디 있노!'라며 야단쳐요"라고 했다. 그리고 방학이 되면 엄마는 "너희 때문에 못 살겠다. 내가 집을 나가든, 너희가 나가든 해야겠다"며 매일 혼낸다고 덧붙였다.

엄마가 무심결에 던지는 한마디 한마디에 창수는 말해도 소용 없다는 것을 느끼고 말문을 서서히 닫았다. 그런데 엄마 눈에는 반항 한 번 안 하는 창수가 생각이 깊은 아이로 비춰진 것이다.

창수 엄마는 아들의 질문에서 무심코 하던 자신의 익숙한 행동이 낯선 모습으로 다가오기 시작했다. 이날 이후 엄마는 밤마다 책을 읽어준다는 핑계로 한 걸음씩 아들 마음에 다가갔다. 함께 책을 읽으며 던지는 질문 뒤에 숨겨진 아들의 진짜 생각을 알아차리려고 한 번 더 새겨듣는 연습도 했다.

창수 엄마는 얼마 전 밤에 열이 39도까지 올라 병원에 갈 힘도 없을 만큼 아팠다고 한다. 철이 지나 넣어두었던 전기장판을 다시 꺼내 켜놓고 까무룩 잠이 들었는데, 창수가 엄마의 뜨거운 이마를 만지며 말했다.

"엄마, 내가 기도했으니까 이제 괜찮아질 거야!"

그리고 그날 밤 창수가 아픈 엄마를 위해 책을 읽어주며 "세상에서 자기를 가장 사랑하는 사람은 엄마인 것 같다"고 말해 창수 엄마는 가슴이 벅차올랐다고 했다.

'집에서는 아름다운 웃음소리가 넘쳐나야 한다.' 유대인 부모들이 가정에서 중요하게 생각하는 것 중 하나다. 그들은 집 안에서 들리는 웃음소리가 한 가정을 지탱하는 진정한 힘이며, 아이의 성장에 꼭 필요한 요소라고 생각한다.

웃음은 서로 마음이 오가는 대화에서 나온다. 아이의 진짜 마음을 알고 함께 교감하는 것이 우리 가족의 웃음을 부르는 첫걸음 아닐까?

아이의 말문을 여는 10가지 질문

내 아이가 수다스러워지길 원한다면
질문의 주도권을 아이에게 넘겨보자.

❓ 질문은 누가 해야 할까?

내 아이가 수다스럽길 원한다면 질문의 주도권을 아이에게 넘
겨보자. 우리는 주로 어떤 질문을 아이에게 할까?

"선생님 말씀 잘 들었어?"

"친구랑 사이좋게 놀았어?"

"학원은 잘 다녀왔어?"

"숙제는 없니?"

"배는 안 고파?"

우리는 부모인 내가 하는 질문에 익숙해져 있다. 무엇을 위해 아이에게 질문을 던질까? 생각해보면 대부분 내가 궁금한 정보를 얻으려고 질문했을 것이다. 이렇듯 질문의 주체는 항상 부모였다. 우리가 먼저 질문을 던지면 아이는 질문에 맞춰 대답한다. 더 정확히 말하면 질문의 틀 안에서 답을 고른다. 아이는 엄마가 원하는 답을 해준다. 오류는 바로 여기서 시작된다.

『예언자』를 쓴 칼릴 지브란은 "여러분이 하는 많은 말에서 생각은 항상 절반쯤 살해당하고 있습니다"라고 했다. 말하기 전에 먼저 생각하라는 뜻이 담긴 말이다. 부모는 아이에게 어떤 생각을 하고 말해야 할까? 답이 정해져 있는 질문은 자신뿐만 아니라 대답하는 아이의 생각과 마음까지 재단해버린다. 우리가 묻는 질문에 대한 대답은 대부분 '예' '아니요'다. 그러니 아이들은 자기 이야기를 할 기회를 차단당할 수밖에 없다.

중학생을 둔 엄마들이 자주 하는 말이 있다. 아이가 부모에게 먼저 말을 걸어오는 것만으로도 감사하다는 것이다. 왜 중학생이 되면 부모에게 말문을 닫아버릴까? 얼마 전 중학교 3학년 아이에게 "인생을 살아가는 데 나에게 가장 필요한 사람은 누구일까?"라는 질문을 했다. 그 아이는 잠시 고민하더니 "친구요!"라고 대답했다. 이유를 물어보니 자기가 힘들 때 항상 옆에 있어준 사람이 친한 친구였다고 했다.

물론 그럴 수도 있다. 그런데 문제는 대부분 아이의 대답도 비숫하다는 것이다. 왜 가족이라고 대답하는 아이는 없을까? 부모는 언제나 아이와 대화하고 싶어한다. 어린 시절 아이들은 '왜요?'라는 말을 귀찮을 정도로 하면서 부모를 따라다녔다.

그런데 왜 지금은 아이들이 친구를 더 찾을까? 무엇이 아이들 말문을 막아버렸을까? 그 이유는 부모인 우리가 더 잘 안다. 어떻게 시작해야 아이들이 편하게 마음의 문을 열까?

탈무드 해설가인 랍비 마빈 토케이어는 "아이들이 던지는 모든 질문은 절대 그릇된 것이 없으며 오로지 어른들의 빈약하고 잘못된 답변만 있을 뿐이다"라고 했다. 질문의 주체를 바꿔보면 어떨까? 아이에게 말할 기회를 주고 기다려보면 어떨까?

❓ 아이의 말문을 여는 좋은 질문

질문으로 말문 열기를 하면 일상에서 나누는 대화뿐만 아니라 아이의 내면을 볼 수 있는 깊은 대화도 가능하다. 말은 생각 없이 할 수 없으며, 말이 생각을 부르고 생각이 또 다른 생각을 부르기 때문이다. 물론 가장 좋은 질문은 부모가 하는 것이 아니라 '아이가 직접 만든 질문'이다.

아이가 질문하는 것은 자기 생각을 표출하는 행위이기 때문에 대상에 대한 호기심, 현상에 대한 궁금증이 자기만의 방식으로 드러난다. 질문은 자기표현 방법 가운데 하나이기 때문이다.

이때 중요한 것이 부모의 역할이다. 아이가 자기 생각을 스스로 잘 표현할 수 있도록 부모는 도움자 역할을 해야 한다. 경청뿐만 아니라 '이끎 질문'으로 생각을 이어줘야 한다. 유대인 부모는 아이가 스스로 생각할 수 있도록 항상 질문으로 이야기를 유도한다. 좋은 질문을 하기 위해 고민한 뒤 강요하지 않고 자연스레 유도 질문을 아이에게 던진다. 이때 이끎 질문은 아이를 향한 존중과 사랑이 들어 있는 부모의 총체적 마음과 같아서 아이가 자기 생각과 내면 이야기까지 부담 없이 꺼낼 수 있다.

어느 날 마당에서 흙을 파면서 놀던 여덟 살 아들이 울면서 거실로 뛰어 들어왔다. 연이어 할머니의 화난 목소리가 크게 들렸다. 마당에서 참깨를 말리던 할머니는 화가 덜 풀리셨는지 더 큰 목소리로 아들을 혼내는 말을 계속하셨고, 아들은 할머니를 피해 안으로 들어온 것이다. 이럴 때 울고 있는 아들에게 무슨 말을 해야 할까?

"엄마, 할머니가 나를 야단쳤어."

"할머니가 야단쳤어?"

"응. 내가 안 했단 말이야."

"네가 안 했어?"

"할머니한테 화내고 싶은데 화내야 할까, 내지 말아야 할까?"

"너는 어떡하고 싶은데?"

"화내고 싶은데 할머니가 또 화낼까봐 무서워."

"무서워? 할머니가 왜 화낼 거라고 생각해?"

"내가 깨를 쏟은 게 아니야. 바람이 세게 불어서 깔아놓은 게 접혀 깨가 쏟아진 건데 할머니는 내가 장난친 거라고 생각해. 할머니가 내 말을 믿어주지 않을 것 같아서 솔직하게 말하지 못하겠어."

"믿어주지 않을 것 같아서 엄마한테 물어보는 거야? 할머니가 몰라서서 화낸 게 아닐까?"

"할머니가 알면 더는 화를 안 내실까?"

"엄마 생각에는 그럴 것 같은데, 넌 어떻게 생각해?"

아들과 대화하면서 내 대답은 모두 '질문'으로 되어 있다. 단정적인 '~해라!'가 아니다. 혹여나 아이 감정을 잘못 읽어 공감 대화에서 벗어날 위험이 있기 때문이다. 그리고 내 판단을 아이에게 강요할 수도 있기에 아이가 스스로 생각하고 말하도록 기다리면서 아이 말의 끝을 질문으로 반복만 했다.

질문 반복만으로도 얻는 효과가 크다. 아이의 말을 잘 듣고 있다는 확신을 줄 수 있고, 너와 함께 고민을 나눈다는 안심의 효과도 있으며, 아이에게 셀프 피드백 효과까지 나타난다. 아이의 말에 물음표로만 돌려줘도 아이는 충분히 자기 마음을 이야기한다.

아이에게 닥치는 상황은 늘 다르다. 하지만 부모의 대답은 비숫해도 된다. '왜'와 '어떻게'를 넣어 질문하면 된다. 다만 영혼 없이 따라하는 앵무새가 아니라 아이 감정을 이해하고 아이 이야기에 공감하는 마음으로 질문을 던져야 한다. 이것만 명심하면 어떤 상황에서든 아이와 진심어린 소통을 할 수 있다.

경우에 따라 다음과 같은 질문을 적절히 활용하면 아이의 말문을 여는 데 도움이 된다. 구체적인 10가지 팁을 소개한다.

첫째, 아이 질문은 질문으로 돌려주자. 아들이 할머니에게 야단맞은 상황처럼 질문을 질문으로 돌려주면 아이는 스스로 자기 마음을 풀어놓는다.

둘째, 아이가 질문을 하면 꼭 그 이유를 물어야 한다. 질문에는 항상 의도가 있다. 의도를 먼저 알아야 아이를 오해하는 성급한 오류를 줄일 수 있다. "왜 그 질문을 했어?" 또는 "어떻게 질문을 만들었어?"라고 하면 된다. 아이가 질문은 했는데 "네 생각은 어때?"라고 물었을 때 "몰라요" "그냥요"라고 대답하는 경우가 종종 있다. 그럴 때 "왜 그 질문을 하게 됐어?"라고 물으면 자기가 질문한 이유가 있기 때문에 쉽게 대답한다. 말하는 과정에서 생각이 더 확장되기도 하고, 또 다른 궁금증이 생겨 꼬리 물기식 질문을 계속하게도 된다.

셋째, "네 생각은 어때?"라고 물어준다. 선택권을 아이에게 주고 아이 생각을 온전히 들어주는 존중이 바로 여기서 시작되기 때문이다.

넷째, 아이가 자기 생각을 이야기하면 "왜 그렇게 생각해?"라고 다시 질문한다. 꼬리 물기 질문으로 아이 생각을 끄집어내며 대화를 이어갈 수 있다. 이 과정에서 아이들의 감추어진 생각이나 고민이 드러난다.

다섯째, 아이들이 질문할 때 가끔 어떤 의도로 질문하는지 파악되지 않을 때가 있다. 이럴 때는 "네가 알고 싶은 것은 무엇이니?"라고 정확하게 다시 물어야 한다.

여섯째, 머뭇거리는 아이들에게 쉽게 말문을 열 수 있도록 편안하게 "궁금한 게 있어? 어떤 것도 괜찮아. 다 말해볼래?"라고 물어주면 된다. 혹시 자신이 한 말로 일어날 결과를 두려워하는 아이들의 마음을 안심시켜야 한다.

일곱째, "너의 마음은 어때?" "너의 기분은 어때?"라고 마음 상태에 대한 질문을 해보자. 아이들은 부모가 자신의 마음을 이해하고 인정해주기를 원한다. 마음에 대한 질문이 곧 내 아이를 향한 공감의 시작이다. 만약 아이에게 속상한 일이 있다면 무조건 물어야 한다.

여덟째, "만약 너라면 어떡할까?" 이는 '만약 나라면'으로 자기에게 연결해 적용하는 질문이다. 상대 처지를 나에게 대입해 이해하고 공감해볼 수 있는 질문이며, 한편으로는 자기 경험을 떠올리는 계기가 되는 질문이다.

아홉째, '만약 나라면'을 질문하고, 자기를 돌아보는 반성 또는 성찰을 했다면 연결해서 해도 좋다. "앞으로 어떻게 하고 싶어?"라고 질문하면서 앞으로 어떻게 행동해야 하는지 의지를 다짐하고 실천하게 할 수 있다. 이때 아이들은 자신의 긍정에너지를 빛낼 수 있다.

마지막으로 아이들은 늘 행복한 순간을 담아야 한다. 행복이 아이들의 긍정에너지가 되기 때문이다. 아이가 긍정에너지를 깨울 수 있도록 즐겁고 감사한 일을 소소하게 자주 떠올리도록 도와주어야 한다. "오늘 너를 행복하게 한 일은 무엇이니?" "오늘 감사한 일은 무엇이니?"라고 묻고 일상의 소중함과 감사함을 담을 수 있게 도와주어야 한다.

아이들은 어른들이 관심을 주는 만큼, 마음을 여는 만큼 행복하게 성장한다. 아이가 주체가 되어 스스로 질문하도록 기다려주고, 부모의 이끎 질문으로 말문을 열 수 있도록 편안함을 선물하자. 그리고 질문 안에 묻어 있는 아이의 진심을 자세히 읽어보자.

독서 습관이 자존감을 키운다

자존감은 자기존중감self-esteem이다. 즉 자기 자신을 소중한 존재라고 믿는 것인데, 그 근간에는 자신에 대한 긍정적 에너지가 있다. 자존감이 높은 사람은 스스로 자기가치를 신뢰하기 때문에 실수나 실패를 하더라도 문제를 극복하는 유연성이 뛰어나다. 이는 자존감이 높은 사람이 행복한 이유이기도 하다.

우리 아이가 행복하게 살기 바란다면 스스로 사랑할 줄 아는 힘인 긍정에너지를 심어주면 된다. 아이들의 자존감은 부모에게서 가장 큰 영향을 받기 때문에 부모가 아이와 긍정적 관계만 유지해도 아이는 자존감이 높아지고, 누구보다 행복하게 살 수 있다.

부모가 어떻게 아이 자존감을 높일 수 있을까? 아이와 함께 하브루타 독서를 하면 된다. 하브루타 독서는 아이가 주체가 된다. 부모의 지시와 설명이 아닌, 온전히 아이가 중심이 되는 책읽기 방법이다. 아이가 스스로 자신을 들여다보고, 성찰하고, 긍정에너지를 찾는 책읽기다. 이 때문에 하브루타 독서 자체가 아이의 자존감을 높이는 독서 방법이다. 하브루타 독서 방법을 익혀두면 우리 아이의 자존감을 높이는 것은 물론 행복한 아이로 키울 수 있다. 자존감을 키우는 하브루타 독서의 구체적인 방법을 몇 가지 살펴보자. 이대로만 실천해도 부모와 아이는 웃음꽃을 피우며 즐겁게 독서를 할 수 있다.

첫째, 책을 읽고 나면 아이가 질문을 만들게 하자. 이 책에 자세히 설명되어 있듯 질문은 아이의 현재이며 관심사다. 우리 아이가 지금 어떤 것에 관심이 있는지 질문으로 알 수 있다.

둘째, 아이가 만든 질문으로 대화를 나누자. 아이가 이야기할 때 부모가 끼어들거나 답을 주려고 하는 것은 금물이다. 그러면 아이는 자유롭게 자기 생각을 펼칠 수 없다. 아이는 부모가 원하는 답을 해주려고 눈치를 보기 때문에 부모는 절대 지시가 되는 답을 주려고 하면 안 된다. 아이 생각을 온전히 경청하고 공감해야 한다.

"어떻게 이런 질문을 하게 됐어?"

"네 생각은 어때?"

"왜 그렇게 생각해?"

이 3가지만 물어주고 잘 들어주면 된다. 여기서 아이는 부모에게서 자신이 존중받고 있다고 느낀다. 자존감에서 가장 기본이 되는 자신이 소중한 존재임을 부모의 행동과 말에서 인식하게 된다. 부모와 아이의 관계 형성은 여기서 비롯한다. 존중, 사랑이 경청에서 시작된다고 봐도 좋다. 이 3가지를 잘 활용해 아이 처지에서 공감하고 경청하자.

셋째, '만약 나라면'이 들어가는 질문을 하게 하자. 아이가 스스로 이 질문을 만들지 않았다면 물어주면 된다.

"만약 너라면 어떡했을 것 같아?"

"만약 너라면 어떤 기분이 들었을까?"

등장인물에 빗대 아이와 연결하는 질문을 하면 아이는 인물을 매개로 쉽게 자신을 돌아보는 계기를 마련한다. 자기 삶에 적용하면서 구체적으로 '나'의 감정과 행동을 성찰하는 시간을 만든다.

넷째, 한 줄 자기 메시지를 찾는다. '나는 앞으로 이렇게 할 거야'처럼 간단히 실천 다짐을 할 수 있게 하면 된다. 메시지 찾기가 반복되면 아이가 힘든 일이 생겼을 때 잘 극복하고 이겨내려는 힘이 다져진다.

다섯째, 미덕을 찾아보자. 작품 속 인물에게 빛나는 미덕, 깨워야 할 미덕을 찾아주면 된다. 미덕은 이 책의 5장에 자세히 나와 있다. 미덕이 바로 아이들에게 긍정에너지를 심어주는 가장 큰 힘이 된다. 작품 속 등장인물에서 빛나는 미덕을 찾으며 '나도 할 수 있다'는 힘을 기르고 깨우면서 나에게 부족한 마음을 돌아보고 '이 힘을 키워야 내가 행복하게 살 수 있구나'를 알게 된다. 미덕은 아이가 스스로 자신을 사랑하고 긍정에너지를 장착하는 사랑 에너지다.

하브루타 독서는 무엇보다 나의 흥미와 관심을 표현하는 '질문'과 내가 하고 싶은 '이야기'가 있는 책읽기다. 이 때문에 아이들이 신나게 독서를 할 수 있다. 재미있다는 생각은 저절로 습관을 만든다. 즐겁게 읽기만 해도 아이의 자존감이 키워진다. 부모와 자녀 사이에 대화의 꽃을 피우고, 긍정적 관계를 형성해 자존감을 키운다. 하브루타 독서는 두 마리 토끼를 모두 다 잡아준다.

하브루타 질문 육아로
아이의 진짜
생각을 읽다

아이의 질문은 '아이의 현재'이며 '감정 메시지'다.
"나 여기 관심 있어요"라고 외치는 소리 없는 아우성과도 같다.
보이는 대로만 아이를 판단하기보다 질문에 숨어 있는 의도를 발견하자.
'왜 이런 질문을 할까?'라는 공감이 아이의 자존감을 높이는 출발점이다.
질문 뒤에 숨겨진 우리 아이의 진짜 속마음을 읽어보자.

질문으로
아이의 생각 읽기

질문은 아이의 감정 메시지다.
질문의 숨은 의도를 찾아라.

❓ 어떻게 숨은 감정을 찾을까?

부모는 아이와 이야기할 때 말뿐 아니라 감정을 살펴야 한다.
아이에게는 숨은 감정이 있다. 고민거리나 숨은 의도 또는 진실
한 마음은 가슴속 깊이 꽁꽁 숨겨져 있어 보이는 대로만 아이를
판단하면 안 된다.

몇 년 전 인터넷에서 중학생 왕따 기사가 화제였다.

중학생 딸아이가 엄마에게 조심스럽게 물었다.

"엄마, 우리 반에 왕따를 당하는 친구가 있는데 내가 그 아이랑

놀아야 할까, 놀지 말아야 할까?"

"그냥 다른 친구들하고 놀아. 괜히 너까지 왕따당할까봐 걱정되니까."

그다음 날 중학생 딸아이는 자살을 했다. 왕따당한 아이가 바로 이 여학생이었다.

아이들은 무심코 지나치는 순간에도 수많은 메시지를 뱉어낸다. 때로는 간절하게, 때로는 의미 없이. 엉뚱한 질문을 할 때도, 답답한 질문을 할 때도 자기만의 이유가 있다.

기사에 나온 아이처럼 스치듯 흘리는 질문으로 자기가 힘들다고 말하기도 한다. 아이들은 생각 없이 말하지 않는다. 아이가 말하는 순간 잠시라도 '왜 이런 말을 할까' 생각했더라면 한 생명을 살릴 수도 있었다. 아이가 엄마에게 뻗었던 도움의 손길을 엄마가 알아차리지 못한 이유가 무엇일까?

탈무드에 "껍질만 보지 마라. 안에 들어 있는 것을 보라"라는 말이 있다. 심리학자 칼 로저스도 "대화가 통하지 않는 이유는 상대방을 효과적으로 이해하면서 귀를 기울이지 못하기 때문이다"라고 했다. 조금만 더 관심을 가졌더라면 어땠을까? 아이는 너무 지치고 힘들어 마지막으로 엄마에게 토해냈을 것이다.

부모는 내 아이는 내가 가장 잘 안다고 자부하거나 바쁜 일상으로 그냥 지나칠 때가 있다. 하지만 실제로 귀를 기울여보면 아이에게는 애정, 애증, 분노, 걱정, 자책 등 많은 감정이 눌려져 있는 것을 발견하게 된다.

아이의 말은 소리 없는 아우성과도 같다. 아이들은 자기표현에 서툴거나 외부 환경에 대한 두려움 때문에 자기 자신을 자세히 설명하지 않는다. 다만 작은 몸짓으로 메시지를 전할 뿐이다. 소리 없는 몸짓에는 내면의 이야기가 고스란히 녹아 있다. 부모가 아이의 사소한 일상에 관심을 기울이면 몸짓 뒤에 숨겨진 아이의 진짜 마음을 볼 수 있다.

오늘 나는 아이와 눈 맞춤을 몇 분이나 했을까? 일상이 바쁘다는 핑계로 외면하지만 않는다면 아이의 진짜 생각으로 아이와 하나가 될 수 있다. 미국의 유명한 극작가 윌슨 미트너는 "귀담아 듣는 사람은 어디서나 사람들에게 호감을 줄 뿐 아니라 얼마 안 가서 뭔가를 알게 된다"라고 했다. 질문은 아이의 감정 메시지다. 아이가 질문할 때 질문 뒤에 숨어 있는 아이의 진짜 생각을 귀담아 들어보자.

❓ 내면이 담긴 질문

"사람을 판단하려면 그의 대답이 아니라 질문을 보라." 철학자 볼테르가 한 말이다. 아이들이 만든 질문에는 아이의 현재 고민이 그대로 담겨 있다. 대답은 다른 사람의 생각이 주체가 되지만 질문은 내가 관심을 두는 분야에 대해 하기 때문에 내가 주체가 된다. 질문이 곧 내 생각이다. 질문은 '나 여기 관심 있어요'라고 하는 말과 같다. 그래서 아이들이 던지는 질문에는 아이 내면의 문제가 고스란히 담겨 있다.

캐드린 오토시의 『원』이라는 그림책을 아들이 초등 2학년 때 함께 읽었다. 책을 읽고 아들이 스스로 만들어낸 질문에서 아들의 상처 입은 마음을 안 적이 있다.

그림책 『원』은 여러 색깔 친구 이야기다. 그중 빨강이라는 친구가 파랑이를 늘 괴롭혀서 파랑이는 속상해한다. 노랑이와 다른 색깔 친구들이 파랑이를 위로해준다. 그러나 아무도 빨강이에게 '파랑이를 괴롭히지 마!'라고 말하지 않는다. 파랑이마저 빨강이에게 그만 괴롭히라는 말을 하지 못한다. 빨강이가 어떤 행동을 해도 친구들이 아무런 말을 하지 않았기 때문에 빨강이는 힘이 점점 더 커져간다. 그때 숫자 '1' 모양을 한 회색 친구가 나타난다. '1' 친구는 모든 친구를 웃게 하는 성격 좋은 친구였다. 빨강이는 친구들의 웃는 모습이 싫어져서 이렇게 말한다.

"웃지 마!"

그 순간 회색 친구 '1'이 빨강이에게 대꾸한다.

"싫어."

다른 색깔 친구들도 드디어 용기를 내어 빨강이에게 싫다는 표현을 한다. 그러자 색깔 친구들은 모두 숫자 2, 3, 4, 5, 6으로 변한다. 친구들의 용기 있는 모습에 빨강이는 도망을 간다. 그런데 도망가는 빨강이에게 친구들이 함께 놀자고 한다. 그때 빨강이도 숫자 7로 변한다.

"나도 빨강이가 될 수 있을까?"

낭독을 하고 나서 아들이 물었다. 질문을 듣는 순간 나는 몇 초 동안 숨을 멈춰버렸다. 머릿속이 복잡해졌다. '뭐지?' '왜지?' '난폭한 빨강이가 되고 싶다는 이유가 무엇일까?' 빨강이는 폭력적인 색깔 친구다. 다른 친구들은 책을 읽었을 때 대부분 빨강이의 나쁜 점을 이야기하면서 용기를 내어 빨강이에게 맞서야겠다고 했다. 그런데 아들은 빨강이가 되고 싶다고 했다. 마음을 가라앉히고 나직한 목소리로 물었다.

"아들, 빨강이가 되고 싶어?"

"응."

"왜 빨강이가 되고 싶은데?"

최대한 부드러운 목소리로 다시 물었다.

"나도 빨강이처럼 힘이 세지고 싶어서."

아들이 대답하자 다시 꼬리 질문을 했다.

"왜 세지고 싶어?"

"왜냐하면 나를 괴롭히는 친구들을 혼내주고 싶어서."

아들의 대답을 들으며 나는 아들에게서 눈을 뗄 수 없었다. 내성적이긴 하지만 잘 웃어서 우리 아들에게 이런 고민이 있을 거라고는 짐작도 하지 못했다.

"승윤이 요즘 친구 때문에 힘들어?"

아들은 잠시 말이 없었다.

"괜찮아, 엄마한테만 이야기해줄래? 승윤이는 빨강이가 좋아?"

내 말에 승윤이는 시든 꽃대처럼 작은 소리로 이야기했다.

"나는 왜 빨강이처럼 그런 힘이 없는 거야?"

"승윤이는 왜 힘이 세지면 좋겠는데?"

슬쩍 또 질문을 던졌다.

"응, 나한테는 말이야, 용기가 없나봐."

"왜 그렇게 생각해?"

"어, 어떤 친구가 있는데 말이야, 내가 다른 친구랑 이야기하고 있으면 그 친구한테 나랑 놀지 말라고 하고, 나보고 놀이터에도 나오지 말라고 하고, 이제 나랑 안 논다면서 말도 안 해."

잠시 뜸을 들이더니 다시 말을 이었다.

"그런데 말이야, 나는 아무 잘못도 안 했는데 그 애가 자꾸 그래. 기분이 너무 나빠서 울고 싶은 마음이야. 내가 빨강이라면 좋을 텐데…."

아들은 요즘 학교 가기 싫다고 자주 이야기했다. 그럴 때마다 공부하기 싫어서 그러나 보다 하고 나 편한 대로 생각했다. "학교 잘 다녀왔어?"라고 물으면 아들은 늘 "응" 하고 대답했다. 내가 원하는 답을 해주던 아들이 스스로 질문을 만들었을 때 비로소 알았다. 속마음은 질문을 내가 던질 때가 아니라 아이 스스로 던질 때 표출된다는 것을!

만약 내가 아들과 책을 읽고 질문 만들기를 하지 않았다면 나는 아들의 고민을 몰랐을 것이다. 공감 소통에 대해 알게 해준 아들에게 정말 고맙다. 그리고 폭력적인 친구가 되고 싶다는 것이 아니라 빨강이에게서 '나'에게 없는 힘을 발견한 것도 대견하다. 질문 하나로 나와 아들은 서로 이야기하면서 힘을 얻었다. 학교폭력은 아니지만 자기 가치를 몰라주는 친구 때문에 아파했을 아들이 안쓰러웠다. 아들이 잘 이겨내기를 바라면서 필통 편지를 써주었다.

"아들, 오늘은 내 가치를 알아주고 나를 존중해주는 친구에게만 이야기하는 용기를 빛내자."

스스로 하는 질문이 곧 내 아이의 관심이자 현재다. 아이 내면의 생각을 알고 공감하고 싶으면 아이 스스로 먼저 질문하게 해야 한다.

질문으로 아이의
결핍 알기

아이는 어떤 경우에도 부모를 사랑한다.
부모가 부재한 순간에도.

❓ 아이의 공허함을 달래주기

"야, 저리 비켜!"

"내가 먼저 앉았다고!"

수업을 시작하면 몇몇 아이는 자리다툼부터 한다. 이 반은 자유로운 영혼이 많아서 가끔 힘이 들기도 한다. 수업중에도 계속 티격태격하거나 장난치면서 웃고 떠드는 것은 아예 일상이 되었다. 아이들이 수업시간에 떠드는 것은 당연하다.

그러나 제각기 움직이는 아이들을 자세히 관찰해보면 공통점을 발견할 수 있다. 단순히 자기들만의 즐거움을 공유하며 떠드는 것이 아니라 다른 아이에게 자기 분노를 표출하고 있다. 웃을 때도 친구 연필을 빼앗아 멀리 던지면서 웃거나, 같은 사인펜을 서로 차지하려고 싸우다가 먼저 가져간 아이는 웃고 원하는 색을 가지지 못한 아이는 울고 있다. 왜 이 반은 서로에게 민감하게 반응하는 아이들이 많을까? 맞벌이하는 부모님이 많은 반이었다.

오늘은 어떤 친구 집에 가지?

'집'에 대한 그림책을 읽어줄 때 친구들을 가장 많이 괴롭히는 서준이가 장난처럼 만든 질문이다.

"왜 이 질문을 만들었어?"

"왜 우리 엄마는 집에 없을까요?"

오히려 아이가 질문으로 푸념하면서 말했다.

"우리 엄마는 매일 집에 없어서 학교 끝나면 친한 친구 집에 놀러가요. 그런데 매일 가니까 친구 엄마가 싫어하는 것 같아요. 그래서 이제는 매일 다른 친구 집에 놀러가요."

서준이가 친구들에게 예민한 반응을 보이는 이유를 알 것 같았다. 엄마가 없는 시간이 아이에게 심리적 공허감을 만든 것이다. 엄마가 직장에 나가고 집에 없는 동안 친구들 집을 다니며 외로움을 달랬고, 그럼에도 채워지지 않는 허기 때문에 수업시간에 다른 친구들을 괴롭히면서 공허함을 채운 것이다.

구멍 난 서준이 마음을 메우는 방법은 무엇일까? 누가 이 빈 공간을 채울 수 있을까?

잘 알려진 원숭이 실험이 있다. 철사로 만든 원숭이가 아기 원숭이에게 우유를 주는 것과 헝겊 인형 원숭이가 아기에게 우유를 주는 실험이다. 철사 엄마와 헝겊 엄마 중 아기 원숭이는 누구를 더 원할까? 헝겊 원숭이를 더 좋아한다는 결과가 나왔다. 그 이유는 모두 알고 있는 대로다. 철사의 차가움보다 헝겊의 포근함을 더 좋아하기 때문이다.

아이들도 똑같아서 따뜻함을 받고 싶어한다. 부모님은 바쁘게 살아갈 수밖에 없다. 하지만 우리 아이 마음에 구멍이 있는지 관심도 가져야 한다. 혼자 있는 시간에 무엇을 하며 노는지, 그 순간 아이 마음은 어떤지 자주 살피고 보살펴야 한다.

아이들은 부모에게 따뜻한 마음의 선물을 받고 싶어하면서도 표현을 잘 못한다. 적극적인 아이도 있지만 서툰 아이들이 더 많다. 속이 깊어 말을 하지 않는 아이도 있고, 말해도 소용없다고 생각하는 아이도 있다. 내성적인 성격이라 참는 아이도 있다.

내가 바쁜 사이, 내 아이의 마음에 쌓이는 외로움을 생각해보자. 구멍 난 마음을 완벽히 메울 수 있는 사람은 부모뿐이다. 아이의 말 한마디를 귀담아듣고, 아이가 무심코 흘리는 질문에 관심을 보이자. 그러면 아이의 결핍을 사랑으로 채울 수 있다.

? 그리운 마음이 숨어 있는 질문

"몇 밤 더 자야 해?"

"두 밤만 더 자면 아빠가 오네."

주말에만 아빠를 볼 수 있는 우리 집 아이들이 목요일만 되면 꼭 하는 말이다. 아이들 마음에도 그리움이 있다. 달력에 동그라미를 그려놓고 오가며 바라보는 마음이 있다.

만약 아빠가 약속한 날짜에 오지 않으면 아이들 마음은 어떨까? 한 번이 아니라 여러 번 거듭된다면 아이들 마음속 그리움은 어떤 형태로 자리 잡게 될까?

아동센터 친구들과 함께 김미영 작가의 『아빠나무』를 읽었다. 표지에 있는 '아빠나무'라는 제목을 보는 아이들의 표정이 다양했다. 한 소녀가 아빠의 죽음을 겪으며 상처받은 마음을 스스로 치유해가는 과정을 그린 책이다. 까불던 녀석도 눈을 크게 뜨고 표지 그림을 뚫어지게 보았다. "왜 제목이 아빠나무일까?"라는 내 말에 잠시 생각하더니 봇물 터지듯 각자 생각을 쏟아냈다.

"아빠와 함께 나무를 심어서요."

"아빠랑 놀았던 곳이어서요."

"아빠가 나무 밑에 묻혀서요."

말썽꾸러기 희준이는 표지 그림을 보더니 아이의 행동에 대해 물었다.

"왜 아이는 바닥에 그림을 그릴까요?"

"아이가 왜 그림을 그리는 것 같아?"

"아빠가 보고 싶어서요. 아빠 얼굴을 그리는 것 같은데, 어쨌든 아빠가 옆에 없으니까 보고 싶어서 그리는 거겠죠."

약간 삐친 듯한 목소리로 희준이가 대답했다. 책을 읽지 않았는데도 마치 책을 다 읽은 것처럼 '아빠가 없어서'라고 정확히 유추해냈다. 희준이의 대답은 통찰력이 있어서가 아니라 자기 상황을 말한 것이었다.

희준이 부모님은 늦게까지 일하고 새벽에 귀가하신다. 그래서 초등 5학년인 희준이는 동생을 돌봐야 하고, 집에서 해야 하는 일이 또래보다 있는 편이다. 책 읽기를 시작하면 유난히 집중을 잘하는 이유도 이 때문이다. 부모님이 집에서 책을 읽어준 적이 없다. 그나마 일주일에 한 번, 센터에서 하는 독서시간에는 선생님이 직접 책을 읽어줘서 좋다고 했다. 부모님의 부재가 희준이를 더 몰입시킨 것이다.

아빠는 왜 죽었을까?

왜 장난을 나무 밑에서 했을까?

아이는 아버지를 어떻게 기억했을까?

그 아이는 왜 행복했을까?

희준이가 책을 다 읽고 만든 질문이다. 질문에 들어 있는 희준이의 마음을 들여다보면서 이야기를 나누었다.

"아빠는 왜 하늘나라로 가셨을까?"

"동생이랑 싸우고 친구랑 싸우고 아이가 자꾸 말썽을 부려서 속이 상해 병이 난 것 아닐까요?"

"왜 그렇게 생각했어?"

"제가 그러니까요."

희준이 이야기를 듣고 있던 아이들이 한바탕 소리 내어 웃었다. 희준이는 말을 멈칫하더니 까맣게 그을린 얼굴이 점점 굳어갔다. 다음 질문으로 이야기를 더 할 수 있게 했다.

"아이는 어떻게 아버지를 기억했을까?"

"저 아이도 저처럼 아빠가 옆에 없으니까 혼자서 아빠 얼굴을 그리면서 까먹지 않으려고 계속 그냥 그리는 것 같은데요. 아이가 나무에서만 노는 이유도 아빠와 함께 좋았던 추억을 잊을까 봐 저장하려고 자꾸 생각하고 그리고 하는 것 같아요."

"희준이는 아빠 있잖아!"

"있죠! 그런데 집에 가면 술 마시고 큰 소리로 혼내고 화내는 할아버지랑 할머니만 있어요. 아빠와 엄마는 제가 잠들면 와요."

희준이는 부모님보다 할머니·할아버지와 함께 있는 시간이 더 길다. 엄마·아빠와 함께하는 시간이 늘 부족해서 부모님이 계셔도 부모님을 그리워하는 듯하다.

희준이는 자신이 말썽꾸러기라고 스스로 말한다. 동생과 자주 싸우고, 친구와도 다툰다. 모르는 사람이 보면 희준이는 딱 초등 5학년 말 안 듣는 남자아이다. 그러나 질문에 나타난 희준이 마음을 들여다보는 이 시간에 희준이는 말썽꾸러기가 아니라 다만 투정하는 외로운 아이일 뿐이다.

희준이에게 바람이 있다면 하루 종일 부모님과 함께 있어보는 것이다. 그리고 아빠와 예전처럼 둘이서 자전거도 타고, 낚시도 가고 싶다고 했다. 지금은 원하는 것이 있어도 이룰 수 없기 때문에 책에 나오는 아이처럼 아빠와 추억을 잊어버리지 않으려 노력중이라고 한다. "넌 혼자가 아니야. 아빠는 늘 너와 함께 있어." 책에 나오는 이 말이 어쩌면 희준이가 간절히 듣고 싶어하는 말이 아닐까? 희준이의 결핍을 채울 방법은 무엇일까?

질문 나누기 시간이 끝나고 희준이가 미덕을 뽑았다. 부모님을 생각하며 찾은 '사랑'이라는 미덕에 대해 희준이는 자기만의 정의를 내렸다.

'사랑이란 참고 견디면 언젠가는 다 이루어지는 것이다.'

부모님을 원망할 수도 있었을 텐데 긍정적인 생각으로 잘 견디내는 희준이더러 누가 말썽꾸러기라고 할 수 있을까?

질문으로 아이의 억압과
스트레스 알기

작은 변화를 원하면 행동을 바꾸고 큰 변화를
원하면 보는 관점을 바꿔라. -스티븐 코비

❓ 질문으로 억압과 스트레스 읽기

'왜 거짓말을 했을까?' vs. '왜 거짓말을 하면 안 될까?'

'왜 거짓말을 했을까'와 '왜 거짓말을 하면 안 될까'라는 두 질
문에 어떤 차이점이 있을까? 잠시만 생각해보면 명확한 차이점
을 알 수 있다. 두 질문의 다른 점을 어떻게 설명할 수 있을까?
방법은 간단하다. 질문 뒤에 숨어 있는 질문자의 의도를 찾아보
면 쉽게 파악된다.

'왜 거짓말을 했을까'라는 질문은 거짓말을 하면 안 된다는 의

미가 전제되어 있고, '왜 거짓말을 하면 안 될까'에는 거짓말해도 된다는 의도가 전제되어 있다.

초등 2학년 아이들과 함께 카트린 그리브의 그림책 『거짓말』을 읽었다. 이 작품은 우연히 한 아이가 입 밖으로 거짓말 하나를 툭 던지면서 마음속 변화를 겪게 되는 이야기를 담았다. 상황을 피하기 위해 또 다른 거짓말을 하고, 거짓말을 할 때마다 겪는 아이의 내적 갈등을 잘 그렸다.

이 책을 읽고 아이들과 질문을 만들었는데, 승민이 질문은 또래들과 관점이 조금 달랐다. 모두 '왜 거짓말을 했을까?' '진실을 말할 용기가 어디서 나왔을까?'에 대해 이야기할 때 승민이는 '왜 거짓말을 하면 안 될까?'라는 질문을 하고 거짓말해도 상관없다는 표정이었다.

"승민이는 왜 이 질문을 만들었어?"

"혼이 안 나려면 거짓말을 해야 하니까요! 우리 엄마는 매를 들고 뛰어와요. 그래서 거짓말을 해요. 아니면 계속 도망 다녀야 해요. 잡히면 죽거든요!"

승민이는 거짓말이 일상이 된 듯했다. 거짓말은 승민이가 위기를 모면하려고 선택한 이유 있는 방법이었다. 승민이의 방법이 잘못되었지만 승민이를 탓할 수는 없다. 승민이를 이렇게 만든 원인이 무엇인지를 먼저 인식해야 한다.

『의식 혁명』의 저자 데이비드 호킨스는 자신의 책에서 물리적인 자극과 정신적인 자극으로 근육이 강화되거나 약화된다는 근육 테스트로 인간의 의식 수준을 분석했다. 그는 자신의 의식 지도에서 수치심이 인간의 의식 중 가장 낮은 단계라고 했다. 이 수치심은 가장 부정적인 에너지이며, 무의식에 한번 자리하면 의식 수준으로 회복하는 데 시간이 오래 걸린다고 했다. 특히 청각, 촉각, 시각 등 오감을 자극해 아이를 야단칠 때 수치심은 가장 심각한 상태로 무의식에 저장된다고 했다.

승민이 엄마는 승민이를 과격하게 야단친다. 승민이 엄마가 전화로 직접 들려준 이야기다.

"승민이 때문에 너무 속상해. 학교에서 같은 반 여자아이한테 맞고 왔어."

"승민이가 맞았다고? 무슨 일인지 알아봤어?"

"아니, 맞고 왔길래 너무 속상해서 야단 좀 쳤어."

"승민이한테 물어보면 어때? 승민이도 속상했을 텐데."

"물어봐도 대답을 안 해줘. 그리고 자기가 왜 속상해? 내가 더 속상해. 매일 멍청이처럼 맞아도 선생님에게 말도 못하고, 누가 보면 승민이만 잘못한 줄 알잖아! 그래서 야단쳤어."

승민이 엄마는 아들에게 야단쳤는데 아들이 자세한 이유를 들려주지 않아 매를 들었단다. 그런데 아들이 집 밖으로 도망갔다며 화가 잔뜩 났다.

승민이가 야단맞는 장소는 따로 없다. 집, 학교 앞, 아파트 놀이터, 도로변, 식당 등 공개적인 장소라도 상황이 일어나는 곳에서 즉시 야단맞는다.

가끔 학교 앞에서 혼자 있는 승민이를 보면 늘 우울해 보인다. 인사를 나눌 때도 탈수하지 않은 옷처럼 고개를 푹 떨구고 인사한다. 승민이는 학년이 올라갈수록 친구들과 관계가 점점 더 멀어지고 있다. 선생님에게 혼나는 횟수도 늘어난다. 거짓말할 수밖에 없는 승민이의 마음은 밖에서도 집에서도 금이 가고 있다.

공개적인 장소에서 아이를 야단치면 아이의 수치심은 더 깊이 저장된다. 승민이의 수치심이 스스로 더 무감각한 아이로 만들어 버린다. 승민이에게 응보적 대응이 아니라 회복적 정의의 접근이 필요한 시점이다. 매를 들고 무조건적 야단으로 모욕과 수치심을 가르치기보다는 성장과 배움의 기회로 삼을 수 있도록 자신을 돌아볼 시간을 주어야 한다.

엄마의 속상함이 아들을 위한 연고가 되기 위해 방향을 살짝 바꾸면 어떨까? 보이지 않는 것을 보려고 에너지를 쓰면 보이는 것 너머를 볼 수 있다. 스티븐 코비는 "작은 변화를 원하면 하는 행동을 바꾸고 큰 변화를 원하면 보는 관점을 바꿔라"라고 말했다. 엄마가 만들어놓은 관점이 아니라 한 발짝 물러나서 아이를 다시 바라보면 어떨까? 그러면 승민이가 받는 스트레스의 진짜 원인이 무엇인지 보일 것이라고 생각한다.

? 변화를 부르는 마음 교류

"잡히면 죽는다! 이리 못 와!"

"내가 안 그랬다고! 내가 안 그랬다고!"

오늘도 여지없이 승민이와 엄마는 술래잡기를 한다. 데이비드 호킨스는 의식의 가장 하위 수준에 있는 수치심의 부정 에너지가 굴욕의 감정을 만들고 잔인한 행동을 유발한다고 설명했다.

점심시간이 되자 밥을 빨리 먹고 교실로 돌아온 친구들이 교실 뒤편 조금 널따란 곳에 옹기종기 모여 앉았다. '할리갈리'를 하느라 서로 지르는 고함에 교실이 떠나간다. 종소리 격차가 점점 빨라질수록 아이들 기분도 부풀어 오른다. 슬슬 장난도 시작된다. 손에 카드를 쥐고서 종을 눌러본다. 아이들이 한바탕 웃음을 터뜨린다. 너도나도 눌러본다. 얼굴에는 장난기가 가득하고, 재잘대는 소리는 마치 병아리 상자 같다. 아이들 손에는 카드 한두 장만 쥐어져 있다.

긴장이 팽팽하다. 내가 누르고 싶다는 속내가 눈빛으로 드러난다. 예리하게 서로 눈치를 살핀다. 그때 건우가 종을 세게 내려친다. 아이들이 탄성을 내며 건우를 본다. 앗! 그런데 건우 손에는 아직 카드가 들려 있다. 아이들이 또 폭소를 터뜨린다. 한바탕 웃는 사이 건우의 배 위에 승민이가 올라타 마구 주먹을 휘두른다.

누워 있는 건우도 버둥거리며 잡히는 대로 승민이에게 반격을 가한다. 아이들은 둘을 떼어내느라 정신없다. 건우의 코에서 피가 나온 뒤에야 상황은 끝났다.

승민이가 야단맞는 이유는 대부분 친구들과 몸싸움을 하기 때문이다. 승민이가 친구들과 자주 부딪치는 것은 아무래도 자기 안의 억압된 감정을 표출하는 방법을 몰라서라는 생각이 든다. 과한 대응을 회피하거나 견뎌낼 때 스트레스가 많이 쌓이게 마련이다.

독일의 뇌 과학자 게랄트 휘터에 따르면 아이의 스트레스는 흥분된 상태가 되면 오래된 사고와 행동 패턴이 작동해 3가지 반응으로 나타난다고 한다. 첫째, 소리 지르거나 때리는 공격 반응을 보인다. 둘째, 더는 듣거나 보거나 인지하려 하지 않고 고집을 부리거나 편을 들어줄 사람을 찾는 방어를 보인다. 셋째, 굴복하거나 주눅이 들거나 접촉을 끊어버리는 회피 반응을 보인다.

이렇게 되면 아이는 열린 마음과 믿음을 잃어버리고 새로운 것을 받아들이는 능력마저 사라진다고 한다. 아이의 분노와 체념과 공격성을 다루는 방법에 대해 게랄트 휘터는 "아이가 다른 사람들과 교류하면서 그들의 생각, 감정, 행동에 대처할 때 무엇보다 믿음을 갖게 하라"고 조언했다.

승민이가 엄마에게는 끊임없이 거짓말로 회피하지만 독서시간에 자기 속마음을 이야기하는 이유는 무엇일까? 질문과 대화로 자기 이야기를 들어주고 마음을 교류할 수 있는 친구들이 있기 때문 아닐까? 비록 지금은 조금 어긋난 방향으로 가지만 친구들 덕분에 '어떡하면 돼요?'를 자주 묻는 승민이에게는 가능성이 있다. 마음을 열도록 대화가 있는 편안함을 집에서도 마련해주면 어떨까?

질문으로
상처 치유하기

아이의 질문이 곧 처방전이고
부모의 사랑이 최고의 약이다.

? 상처가 있는 질문

아이가 부모에게서 받는 상처는 여러 경로로 들어온다. 동생만
칭찬하는 엄마 때문에 비오는 날 운동화를 신겠다고 우기는 심
술 난 마음도 상처가 되고, 엄마가 자기 마음을 몰라주고 무조건
혼내기만 하는 억울하고 슬픈 마음도 상처가 되고, 형의 것은 항
상 새것으로 사주면서 자기가 원하는 것은 사주지 않는 서러운
마음도 상처가 된다.

하고 싶은 이야기가 있는데 들어주지 않는 외로운 마음도, 엄

마와 아빠가 싸우는 모습을 보는 불안한 마음도 아이에게는 모두 상처로 저장된다.

가족은 소중한데 우리 엄마는 왜 바쁠까?

어릴 때는 잘 노는데 어른이 되면 왜 안 놀까?

오리 엄마와 악어는 왜 안고 있을까?

엄마와 안고 있으면 어떤 기분일까?

왜 나한테는 '사랑해'라는 말을 안 할까?

오리 아빠는 악어에게 큰 소리로 야단칠까?

릴리아 작가의 『파랑 오리』 그림책을 읽고 초등 3학년 현서가 만든 질문이다. 『파랑 오리』는 서로 다른 두 동물이 가족이 되어 단단히 지켜주는 따뜻한 가족 이야기다.

'엄마!' 하고 부르는 아기 악어를 연못에 그냥 두고 올 수 없었던 파랑 오리는 악어를 데려와 엄마가 되어준다. 아기 악어를 돌봐주고 수영하는 법도 가르쳐주며 둘은 행복한 시간을 보낸다. 세월이 흘러 아기 악어는 커다란 어른 악어가 된다. 파랑 오리는 나이 듦을 고스란히 느끼며 늙어간다. 서서히 기억도 잃어가고, 걷지도 못하는 아기가 된다.

다 큰 악어는 이번에는 자신이 파랑 오리의 엄마가 된다. 악어는 길 잃은 파랑 오리를 찾아오고 씻겨주고 옛날의 파랑 오리처럼 '사랑해'라고 말하며 뽀뽀도 한다. 자기 배에 파랑 오리를 태우고 연못을 헤엄치며 따뜻하게 보살펴준다.

현서는 또래보다 똑똑하고 의젓하다. 바쁜 엄마를 위해 유치원 다니는 동생을 시간 맞춰 데리러 간다. 듬직하고 어른스러워 칭찬도 많이 듣는다. 그런데 요즘 현서는 엄마에게 자주 꾸중을 듣는다. 동생이 가지고 노는 장난감을 필요도 없으면서 빼앗거나, 엄마의 눈을 피해 동생을 한 대씩 때린다는 이유에서다. 독서시간에도 가장 친한 친구에게 지우개를 던지거나 발로 차면서 짜증을 자주 부린다.

현서의 질문에는 현서의 현재가 그대로 담겨 있다. 첫 번째 질문에서는 엄마가 바쁘다는 것을 보여주고, 두 번째 질문에는 부모님과 함께 시간을 보내고 싶은데 부모님이 바빠서 그럴 수 없는 아쉬움이 묻어 있다. 세 번째, 네 번째, 다섯 번째는 모두 연결된 질문이다.

파랑 오리 배에 아기 악어를 올려놓고 수영하는 모습과, 어른이 된 악어가 파랑 오리 입에 뽀뽀하는 장면이 있다. 친구들은 이 그림을 보고 서로 자기가 엄마와 뽀뽀를 더 많이 한다고 자랑했다. 그런데 현서는 조용히 있기만 했다. 현서에게도 말할 기회를 주었는데 현서가 하는 말은 이랬다.

"우리 엄마는 뽀뽀도 안 해주고, 안아주지도 않아요. 사랑한다는 말도 못 들어봤어요."

"거짓말!"

현서 말이 끝나기가 무섭게 친구들이 동시에 소리 질렀다. 친구들이 생각해도 믿기지 않은가 보다. 그런데 현서는 왜 이런 질문을 만들었을까?

현서 엄마에게 이에 대해 물었을 때 엄마는 잠시 웃음을 터뜨리고 대수롭지 않게 대답했다. 남자아이라 표현하기 징그럽고 어색해서 어느 순간부터 스킨십이 줄어들었다고 한다. 무의식적으로 '사랑해'라는 말도 어린 동생에게만 한 것 같다고 한다.

현서는 동생만 바라보는 엄마 때문에 동생도 엄마도 너무 미워서 집에서 말을 하지 않았는데 그럴수록 더 심심하고 외롭더란다. 친구들 엄마처럼 잠잘 때나 일어날 때 안아주고 사랑한다고 말해주면 좋겠다면서 특히 아빠가 화났을 때 더 많이 안아주면 좋겠다고 했다.

현서 아빠는 종종 화를 낸다. 집이 떠나갈 정도로 고함을 지른다. 엄마는 아이들이 놀랄까봐 아빠와 싸우기보다는 참는 편이다. 현서가 숙제를 하지 않을 때도, 장난감을 정리하지 않을 때도 여지없이 아빠는 큰 소리로 화를 낸다.

이런 아빠 때문에 현서는 평소 아빠를 멀리한다. 무엇이든 엄마와 함께하려고 한다. 그런데 엄마는 최근 일을 나가신다. 현서에게 위안이 되는 엄마마저 바빠지셨다.

현서에게는 눈여겨봐야 하는 행동이 있다. 누군가 큰 소리로 말하거나 화내면 두 손으로 귀를 덮으면서 표정을 일그러뜨린다. 방과 후 수학 선생님이 아이들을 큰 소리로 야단친다는 이유로 수학을 좋아하던 현서가 학원을 그만두고 싶다고 했다. 이것은 현서가 마지막 질문을 한 이유이기도 하다.

아빠가 화를 내면서 현서 마음속에는 상처가 생겼다. 아빠와 관계 회복이 우선이 되어야 하지만 그 과정에서 엄마 역할이 크다. 현서는 무엇보다 엄마에게 안겨 위로받고 위안받고 싶어한다. 엄마가 현서와 애착 관계를 잘 형성해야 하는 것이다. 현서에게 결여되어 있는 부분을 현서가 원하는 스킨십과 말로 채워야 한다. 엄마가 일부러 그렇게 한 것은 아니지만 그동안 현서는 사랑받는다는 느낌을 잃어갔다. 육체적으로나 정서적으로 제대로 성장하려면 아이들에게는 부모의 온기로 느껴지는 사랑이 필요하다.

『누가 내 치즈를 옮겼을까?』의 저자 스펜서 존슨은 '스킨십은 가장 솔직한 형태의 커뮤니케이션'이라고 하면서 그것이 진심일 때 아주 강력한 힘을 발휘한다고 했다. 존슨은 자신의 책『부모』에서 스킨십의 강력한 힘을 보여주는 연구 결과를 소개했다.

한 연구에서 공중전화박스에 동전을 올려놓고 밖으로 나온 뒤 뒤이어 공중전화박스에 들어가 전화를 하고 나오는 사람들을 대상으로 두 가지 방법으로 동전을 보았냐고 물었다. "실례합니다. 제가 아까 동전을 놓고 나왔는데 보셨나요?"라고 똑같은 질문을 하면서 한 부류는 살짝 손을 얹고 얘기하고, 다른 이들에게는 그 냥 질문만 했다. 그냥 질문만 했을 때 사람들 반응은 대부분 동전 을 보지 못했다고 답한 반면, 살짝 손을 얹으며 스킨십을 한 사람 들은 90% 이상이 동전을 되돌려주면서 미소까지 지었다.

스킨십은 울림을 일으킨다. 부모의 온기가 느껴지는 사랑 표현 은 내 아이 가슴에 따뜻한 감동으로 저장되어 안정적인 애착 관 계를 형성한다. 이는 스스로 상처를 치유하는 힘이 되기도 하고, 긍정에너지를 만들어내기도 한다.

대부분 부모는 아이의 상처를 치료해주는 방법을 궁금해한다. 진정한 치유는 상처가 되는 행동을 하지 않는 것이다. 현서가 질 문으로 자신을 표현한 것처럼 아프다고 말할 때 현서에게 더 따 뜻하게 사랑의 밥을 먹여야 한다.

❓ 기적을 부르는 사랑의 힘

"애니, 나는 너를 정말 사랑한단다."

앤 설리번 선생님이 어린 시절 183일 동안 들었던 말이다.

보스턴 근교 정신병동의 지하 독방에 한 소녀가 있었다. 어머 니와 동생은 결핵으로 세상을 떠났고, 알코올중독자인 아버지는 아이를 자주 학대했다. 사람을 보면 자해하고 공격하는 이 소녀는 결막 질환으로 시력까지 잃은 최악의 상황이었다. 의사는 아이를 치료할 수 없다고 단언했다.

이때 한 나이든 간호사가 소녀를 찾아왔다. 사람을 보면 공격하고 자해하는 아이에게 간호사는 날마다 같은 말을 속삭였다. "애니, 나는 너를 정말 사랑한단다." 183일 동안 간호사의 속삭임을 들은 아이는 결국 울림을 일으켰다. 소녀는 스스로 변하기 시작해 파킨스맹아학교를 수석으로 졸업했다. 스물한 살이 된 소녀는 결심했다.

"저도 저를 찾아주신 간호사 선생님처럼 제 도움이 절실하게 필요한 사람에게 찾아가 사랑을 주고 싶습니다."

이렇게 해서 애니는 보지도 듣지도 말하지도 못하는 일곱 살 헬렌 켈러를 만났다. 앤 설리번 선생님은 헬렌 켈러를 세계 최고로 만들어 '20세기의 기적'이라는 찬사까지 들었다. 모두가 포기했던 아이를 설리번 선생님은 사랑으로 품었고, 그 사랑이 또 다른 기적을 만들었다.

어떤 힘이 설리번 선생님과 헬렌 켈러를 기적으로 바꾸어놓았는지 쉽게 짐작된다. 의사도 치료할 수 없다고 단언했을 때 간호사 선생님이 품은 마음은 결코 가볍지 않았을 것이다. 그 힘의 원천은 무엇이고 어디서 왔을까? 사랑받는다는 느낌은 나의 존재 가치를 인식하는 최상의 감정이다. 내가 의미 있는 사람이라고 느낄 때 내 에너지는 발현된다.

공감에는 가장 빠르고 정확하게 마음을 움직이도록 하는 힘이 있다고 한다. 아이가 상처받았다는 것을 알았을 때 부모는 어떻게 해야 할까? 가장 정확하고 빠르게 아이의 마음에 힘을 주려면 아이에게 집중해야 한다. 질문에 나타난 메시지를 들여다보고 아이의 상처에 집중해보자.

질문에 담긴 아이의 진심 알아채기

함께 느끼고 함께 생각하고
함께 이야기하는 진심.

? 질문에 담긴 솔직한 감정

"가정이 화목하려면 서로 원하는 것이 무엇인지 정확히 알아
야 한다."

스펜서 존슨의 말이다. 아기는 울음으로 자기를 표현하고, 말
을 시작하는 아이는 질문으로 자신을 드러낸다. 한창 말을 배우
는 아이는 집요할 정도로 질문 공세를 한다.

"엄마, 저건 뭐야?" "왜 저렇게 생겼어?" "무슨 글자야?" "왜 노
란색이야?"

세상 모든 엄마가 공감하는 부분이다. 질문은 아이의 호기심이
자 솔직한 감정 표현이다.

우주는 초등학교 4학년이다. 엄마의 말에 따르면, 평소 우주는
자기가 하고 싶은 것에만 집중하는 편이라 다른 사람의 마음이
나 본인의 마음은 그리 신경 쓰지 않는다고 한다. 같이 엄마에게
야단을 맞아도 동생은 울거나 화난 엄마의 표정을 예민하게 관
찰하는데, 우주는 그냥 털털하게 '알았어요'라는 말만 툭 던진다
고 한다. 그런 우주를 보면서 가끔 감정이 없는 아이가 아닌지 의
심할 때도 있다고 한다.

허혜란 작가가 쓴 『503호 열차』는 조국을 떠나 연해주에 살던
한인들이 1937년 구소련 정권의 강압에 따라 중앙아시아 황무지
로 강제 이주당하는 역사적 비극이 담긴 책이다.

조선인들의 마음은 어땠을까?

죽은 시체를 본 아이들 마음은 어땠을까?

억울하다는 생각은 안 들었을까?

아기들도 기차에서 잘 버텼는데 어떻게 버틸 수 있었을까?

사람들은 앞으로 어떻게 살아갈까?

왜 강제로 이주시켰을까?

나는 버틸 수 있었을까?

만약 나였다면 내 마음은 어땠을까?

내가 힘들었던 적은 언제였나?

가족이 함께 있어서 잘 참을 수 있었을까?

우주가 만든 질문 10가지다. 두어 개를 빼놓고는 모두 마음과 관련된 질문이다. 엄마가 생각하는 우주라면 다른 방향의 질문을 만들었어야 했다. 우주는 누구보다 마음에 관심을 보였다. 우주의 질문에는 상대 마음을 이해하고 공감하려는 의지가 담겨 있다. 인물들의 마음과 자신의 힘든 감정을 돌아보며 적용할 줄 안다. 우주는 다른 사람에게 신경 쓰지 않는 아이가 아니다.

질문으로 토론을 끝내고 자기 생각을 정리한 글에는 우주의 경험이 고스란히 드러나 있다.

오늘은 『503호 열차』를 읽고 질문을 해봤다. 강제 이주당하는 조선인들의 마음은 어땠을까? 어디로 가는지도 모르는 화물기차 안에서 조선인들은 여러 가지로 힘들었을 것이다. 화물차가 잠깐 서 있는 동안 먹을 것을 구하는 것보다 어디에 버려지는지도 모르는 시체를 보는 마음이 더 억울했을 것 같다. 조선인들은 허름한 기차 안에서 볼일도 보고 잠도 자고 심지어 아이까지 낳았다. 이들은 고통스러운 시간을 보내지만 이들의 포기하지 않는 끈기가 느껴졌다. 목적지에 힘들게 도착한 이들에게 잘 이겨냈다고 격려하고 싶었다. 아기들도 잘 버텨주었고 가족끼리 서로 잘 안아주었던 것 같다. 그래서 이 책의 제목을 '끈기의 날개'라고 짓고 싶다. 앞으로도 포기하지 않고 열심히 끈기 있게, 자유롭게 새처럼 날아가듯 살아가라는 뜻이다.

얼마 전 엄마가 나더러 영어캠프에 가라고 했을 때 나는 안 간다고 했다. 그런데 엄마가 친구들은 다 가는데 너는 왜 신청을 안 하려 하냐고 계속 물어봤다. 나는 처음에 대답을 안 했다. 엄마가 자꾸 물어봐서 화내면서 그냥 가기 싫다고 했다. 그래서 엄마한테 야단을 맞았다. 나는 그때 신청을 안 한 이유가 있었다.

나는 영어를 너무 못한다. 친구들이랑 함께 영어를 하면 부끄럽다. 나도 영어캠프에 신청해서 친구들이랑 즐겁게 하고 싶다. 하지만 영어를 못하니까 친구들에게 너무 부끄러워서 하고 싶어도 하고 싶은 마음을 참았다. 기차에 타고 있는 아이들처럼 나도 용기와 끈기를 내봐야겠다. 용기를 내서 이제라도 엄마에게 내 마음을 이야기해야겠다. 그리고 끈기와 열정을 빛내서 열심히 영어 공부도 하고 학교생활도 할 것이다.

우주의 글에는 1년 전 영어캠프의 아픈 추억이 고스란히 담겨 있다. 엄마에게 왜 사실대로 이야기할 수 없었는지, 왜 화를 내면서 하기 싫다고 말할 수밖에 없었는지 그대로 나타나 있다. 진심을 숨겨야만 했던 우주의 고민은 오히려 엄마의 야단만 불렀다.

우주는 이때 어떤 생각을 했을까? 나였어도 진심을 이야기하기 힘들었을 것 같다. 우주가 영어캠프에 가기 싫어한다는 태도를 보기 전에 그 원인이 무엇인지 한 번만 더 관심을 기울였다면 우주는 그때 바로 엄마와 고민을 나누었을 것이다. 우주 엄마는 우주가 쓴 이 글을 읽고서야 그때 아들이 왜 엄마에게 화내며 퉁명스럽게 대꾸했는지 알게 되었다.

아이의 진짜 생각을 아는 데는 아이 스스로 이야기하는 것만이 최선의 방법이다. 엄마와 아빠가 가만있는데도 아이가 솔직하게 내면을 보여줄 리는 없다. 편안한 분위기를 만들거나 언제나 함께 소통의 장을 만들어야 가능하다.

아이가 진심을 담아내는 도구는 많다. 표정이나 몸짓 말고도 책일 수도 있고, 수다일 수도 있고, 여행일 수도 있다. 중요한 핵심은 아이들이 진심을 담아낼 수 있도록 기회를 주어야 한다는 것이다. 말을 많이 하다보면 질문으로 자기를 들여다보게 된다. 질문에 나타난 아이의 행동을 읽어야 한다.

'말해봐!'가 아니라 '왜 그렇게 생각했니?'라는 질문으로 아이 말에 귀 기울이고 존중하고 공감하고 기다려줄 때 아이는 진심을 이야기한다.

❓ 언제나 통하는 진심

아이들은 저마다 품고 있는 마음이 다르다. 마음의 강물에는 행복한 물고기, 슬픈 물고기, 외로운 물고기, 아픈 물고기, 신나는 물고기 등 다양한 물고기가 헤엄치고 있다. 얼핏 보면 모두 같은 물고기일 뿐이지만 그들의 움직임을 자세히 들여다보면 다름을 느낄 수 있다.

아이들은 마음만큼 성향도 다르기 때문에 한참 관찰하지 않으면 단지 조용한 아이라 여기고 흘려보내기 쉽다. 상처는 이런 아이들에게 더 깊이 자리한다. 마음을 제대로 읽어주면 그것만으로도 아이에게 힘이 된다. 특히 내향적인 아이에게는 마음을 알아주는 것 자체가 당당함을 선물하는 것이다.

강밀아 작가의 『착한 아이 사탕이』라는 그림책이 있다. 사탕이는 언제나 말을 잘 듣는 착한 아이다. 넘어져도 절대 울지 않는다. '우리 사탕이 참을 수 있지!'라는 말을 들으면 무척 아팠을 텐데도 울음을 꾹 참는다. 동생이 사탕이의 소중한 그림을 찢어도 화내지 않고, 장난감 가게에서도 떼쓰는 법이 없다. 사탕이는 참는 아이가 착한 아이라고 생각한다. 그러던 사탕이가 그림자의 도움으로 조금씩 마음을 표현하게 된다. 싫을 때는 싫다고 말하는 용기를 낸다. 마음을 솔직하게 표현했을 때 비로소 사탕이는 활짝 웃는다.

사탕이가 사탕이로 웃을 수 있었던 이유는 무엇일까? 스스로를 가두고 있던 착함의 두려움을 내려놓을 수 있는 힘은 어떻게 생겼을까? 사탕이는 그림자 덕분에 표현하는 용기를 얻었다. 만약 그림자의 역할이 없었다면 사탕이는 계속 자신을 누르면서 착한 사탕이가 되려고 그 자리에 머물렀을 것이다.

우리 아이도 내가 관심을 보이고 마음을 여는 만큼 나를 믿고 따라오게 되어 있다. 아이들에게는 늘 두려움과 망설임이 있다. 두려움은 망설임을 낳고, 솔직하게 표현하고 행동하지 못하게 한다. 두려움이 내면에 고착된 아이들은 세상을 향한 날개가 꺾인 것과 같다. "아이의 가장 큰 장애물이 불안"이라는 말도 있다. 불안이 아이를 무력화하기 때문이다.

영국의 대문호 셰익스피어는 "우리 마음이 준비되었다면 모든 것이 준비된 것이다"라고 했다. 아이에게 날개를 펼칠 수 있도록 도와주는 힘이 진심이다. 아이가 부모에게서 '관심받고 있어' '이해받고 있어' '존중받고 있어'라는 느낌을 마음에 채울 수 있는 것이 진심이다. 아이 내면의 그림자를 꺼내려면 진심이 통해야 한다.

하브루타 독서를 위해 좋은 책

하브루타 독서에서 좋은 책은 '생각을 열어주는 책'이다. 즉 다양한 사고와 상상이 가능한 책이다. 교훈이나 작가의 생각이 뚜렷이 드러나 있는 책보다는 등장인물들의 상황에 대해 다양한 관점을 적용할 수 있거나 열린 결말을 가진 책이 더 좋다. 교훈이 명확히 나타난 책은 마치 지침서처럼 생각을 틀 안에 가둘 수 있다. 책을 읽는 동안 객관식 시험을 치르듯 정답을 찾으면서 읽으면 안 된다.

내 생각이 곧 해답이 되어야 한다. '다르게 생각하기'가 중요하기 때문에 아이들과 함께 읽을 때는 열린 사고가 가능한 책을 선택해야 한다. 특히 처음 하브루타 독서를 하는 아이들이라면 생각의 문을 여는 데 도움을 주는 책으로 시작해야 한다. 정답에 익숙한 아이들이 많기 때문에 자유롭게 상상의 나래를 펼칠 수 있도록 사고의 틀부터 깨줘야 한다. 책만 잘 선정해도 반은 성공한 셈이다.

아이들이 재미있어 하는 책 또한 좋은 책이다. 재미있게 접근하면 질문 독서도 한결 쉬워진다. 처음 질문을 만드는 친구들도 자연스럽게 호기심과 궁금증이 발동해 질문이 많아진다.

책을 정했다면, 생각을 열어주는 방법도 활용해보자. 유대인 부모는 아이 생각을 키워주기 위해 늘 고민한다. 좋은 질문이 아이 사고를 키워주기 때문에 늘 좋은 질문을 하려고 생각하고 또 생각한다. 이렇게 키워진 아이들이 글로벌 기업의 CEO가 되거나 세계적으로 성공했다.

그들은 어린 시절부터 다양한 답을 얻기 위한 열린 질문을 했다. 닫힌 질문이 아니라 '왜' '어떻게'로 시작하는 개방형 질문으로 아이 사고를 키웠다. 아이의 상상력과 창의력은 '왜' '어떻게'라는 질문에서 출발한다. '예' '아니요'로 답할 수 있는 수용적 질문이 아니라 '왜'와 '어떻게'가 들어간 질문을 해야 해답을 여러 개 찾을 수 있다. 이 과정에서 아이는 나만의 생각이 담긴 창의적인 답을 만들어낸다. 생각을 열어주는 좋은 책으로 나만의 창의적인 생각을 부르는 질문을 하면서 책을 읽으면 시너지 효과가 훨씬 크다.

아이들과 읽었던 책 중 하브루타 독서에 도움이 될 만한 책을 몇 권 추천한다. 물론 질문을 만들고 이야기를 하면서 읽으면 모든 책이 다 의미가 있다. 특별한 도서목록은 중요하지 않다. 아이가 흥미를 가지고 재미있다고 생각하면 충분하다. 다만 처음 독서하는 아이에게는 동기 유발이 중요하다. 관심과 흥미가 있어야 또 읽고 싶어한다. 그런 이유로 처음 하브루타를 하는 아이들도 재미있게 접근하고 신나게 자기 생각을 담을 수 있는 책을 정리했다. 대부분 아이가 즐겁게 참여했던 '보증 수표 책'이다. 부모와 아이가 함께 즐겨보자.

이 책들을 활용한 구체적인 실례는 이 책 맨뒤의 부록에 '그림책 활용 TIP'으로 정리해놓았으니 참고하기 바란다.

이 책에서 다룬 도서들

제목	지은이	펴낸 곳
망태 할아버지가 온다	박연철 글·그림	시공주니어
알사탕	백희나 글·그림	책읽는곰
One 일	캐드린 오토시 글·그림 이향순 옮김	북뱅크
느끼는 대로	피터 H. 레이놀즈 글·그림 엄혜숙 옮김	문학동네어린이
돌 씹어 먹는 아이	송미경 글, 안경미 그림	문학동네어린이
조랑말과 나	홍그림 글·그림	이야기꽃
칭찬 먹으러 가요	고대영 글, 김영진 그림	길벗어린이
아빠나무	김미영 글·그림	고래뱃속
나쁜 씨앗	조리존 글, 피터 오즈월드 그림, 김경희 옮김	길벗어린이
스티커 토끼	가브리엘라 케셀만 글 테레사 노보아 그림 김영주 옮김	책속물고기
파랑 오리	릴리아 글·그림	킨더랜드
거짓말	카트린 그리브 글 프레데리크 베르트랑 그림 권지현 옮김	씨드북
곰씨의 의자	노인경 글·그림	문학동네
친절한 행동	재클린 우드슨 글, E. B. 루이스 그림, 김선희 옮김	나무상자
내가 엄마를 골랐어	노부미 글·그림 황진희 옮김	스콜라
스갱 아저씨의 염소	알퐁스 도데 글, 에릭 바튀 그림, 강희진 옮김	파랑새어린이
꽃을 선물할게	강경수 글·그림	창비
바보 빅터	호아킴 데 포사다·레이먼드 조 글, 전지은 지음 원유미 그림	한국경제신문사

착한 아이 사탕이	강밀아 글, 최덕규 그림	글로연
또야 너구리가 기운 바지를 입었어요	권정생 글, 박경진 그림	우리교육
503호 열차	허혜란 글, 오승민 그림	샘터
사라 버스를 타다	윌리엄 밀러 글 존 워드 그림, 박찬석 옮김	사계절
내 동생 싸게 팔아요	임정자 글, 김영수 그림	미래엔아이세움
42가지 마음의 색깔	크리스티나 누녜스 페레이라 · 라파엘 R. 발카르셀 글 가브리엘라 티에리 외 그림, 남진희 옮김	레드스톤

그밖에 접근하기 쉬운 도서들

제목	지은이	펴낸 곳
슈퍼거북	유설화 글·그림	책읽는곰
으악, 도깨비	손정원 글, 유애리 그림	느림보
일수의 탄생	유은실 글, 서현 그림	비룡소
엘 데포	시시 벨 글·그림 고정아 옮김	밝은미래
수박 수영장	안녕달 글·그림	창비
괜찮아요 괜찮아	하세가와 요시후미 글·그림 양윤옥 옮김	내인생의책
난 밥 먹기 싫어	이민혜 글·그림	시공주니어
이게 정말 나일까?	요시타케 신스케 글·그림 김소연 옮김	주니어김영사
이유가 있어요	요시타케 신스케 글·그림 김정화 옮김	봄나무
감기 걸린 물고기	박정섭 글·그림	사계절

너에게만 알려줄게	피터 H. 레이놀즈 글 서정민 옮김	문학동네
점	피터 H. 레이놀즈 글 김지효 옮김	문학동네어린이
그리는 대로	피터 H. 레이놀즈 글 엄혜숙 옮김	나는별
세모	맥 바넷 글, 존 클라센 그림 서남희 옮김	시공주니어
네모	맥 바넷 글, 존 클라센 그림 서남희 옮김	시공주니어
동그라미	존 클라센, 맥 바넷 글·그림 서남희 옮김	시공주니어
샘과 데이브가 땅을 팠어요	맥 바넷 글, 존 클라센 그림, 서남희 옮김	시공주니어
오싹오싹 당근	에런 레이놀즈 글, 피터 브라운 그림, 홍연미 옮김	주니어RHK
또 마트에 간 게 실수야	엘리즈 그라벨 글·그림 정미애 옮김	토토북
아낌없이 주는 나무	셸 실버스타인 글·그림 이재명 옮김	시공주니어
만복이네 떡집	김기리 글, 이승현 그림	비룡소
무릎 딱지	샤를로트 문드리크 글 올리비에 탈레크 그림 이경혜 옮김	한울림어린이
그래, 책이야!	레인 스미스 글 김경연 옮김	문학동네어린이
세 가지 질문	존 무스 글·그림, 김연수 옮김	달리
늑대가 들려주는 아기돼지 삼형제 이야기	존 셰스카 글, 레인 스미스 그림, 황의방 옮김	보림
똥떡	이춘희 글, 박지훈 그림	사파리
냄새값 소리값	김민서 글, 정경호 그림	한국헤르만헤세
토끼의 재판	홍성찬 글·그림	보림

치과의사 드소토 선생님	윌리엄 스타이그 글·그림 조은수 옮김	비룡소
줄무늬가 생겼어요	데이빗 섀논 글·그림 조세현 옮김	비룡소
엉덩이가 집을 나갔어요	호세 루이스 코르테스 글 아비 그림, 나송주 옮김	소년한길
왜 울어	바실리스 알렉사키스 글 장 마리 앙트낭 그림 전성희 옮김	북하우스
901호 띵똥 아저씨	이욱재 글·그림	노란돼지
원피스를 입은 모리스	크리스틴 발다키노 글 신수진 옮김	키다리
먼지깨비	이연실 글·그림 김향수 사진	반달
500원	차재혁 글, 최은영 그림	후즈갓마이테일
엄마 마중	이태준 글, 김동성 그림	보림
강아지 똥	권정생 글, 정승각 그림	길벗어린이
행복한 늑대	엘 에마토크리티코 글 알베르토 바스케스 그림 박나경 옮김	봄볕
진짜 도둑	윌리엄스타이그 글·그림 홍연미 옮김	베틀북
땅속 괴물 몽테크리스토	허가람 글, 조승연 그림	웅진주니어
엄마의 초상화	유지연 글·그림	이야기꽃
휴대폰 전쟁	로이스 페터슨 글 고수미 옮김	푸른숲주니어
휴대전화가 사라졌다	최은영 글, 유설화 그림	우리교육
존 아저씨의 꿈의 목록	존 고다드 글, 이종옥 그림 임경현 옮김	글담어린이
가방 들어주는 아이	고정욱 글, 백남원 그림	사계절
초대받은 아이들	황선미 글, 김진이 그림	웅진주니어

숲을 그냥 내버려둬!	다비드모리송 글·그림	크레용하우스
플라스틱 섬	이명애 글·그림	상출판사
양들이 매하고 우는 이유	플린 팽송 글, 마갈리 르 위슈 그림, 박정연 옮김	맹&앵
날고 싶지 않은 독수리	제임스 애그레이 글 볼프 에를부르흐 그림 김경연 옮김	풀빛
우물 파는 아이들	린다 수 박 지음, 공경희 옮김	개암나무
거짓말 같은 이야기	강경수 글·그림	시공주니어
행복을 나르는 버스	멧데라페냐 글, 크리스티안 로빈슨 그림, 김경미 옮김	비룡소
달을 삼킨 코뿔소	김세진 글·그림	키다리
이빨 사냥꾼	조원희 글·그림	이야기꽃
자유의 길	줄리어스 레스터 글 로드 브라운 그림 김중철 옮김	낮은산
공원을 헤엄치는 붉은 물고기	곤살로 모우레 지음 이순영 옮김	북극곰
어린이 인성사전	김용택 글, 김세현 그림	이마주
아홉 살 마음 사전	박성우 글, 김효은 그림	창비
생선 도둑 토라	이시이 히로시 글·그림 황진희 옮김	주니어김영사
너무 너무 공주	허은미 글, 서현 그림	만만한책방
엄마에게	서진선 글·그림	보림
화요일의 두꺼비	러셀 에릭슨 글, 김종도 그림 햇살과 나무꾼 옮김	사계절
푸른 사자 와니니	이현 글	창비

3장

질문하면서
생각 근육과
자존감이 자란다

질문을 하면 생각 근육과 자존감이라는 두 마리 토끼를 잡을 수 있다.
질문은 생각 너머의 생각을 부르고 가치관과 철학을 세우는 원동력이 된다.
질문은 나를 깨우고 내 삶을 가치 있게 담아내는 힘이다.
질문으로 스스로를 찾아가는 아이는 인생 최고의 선물을 내 안에서 발견한다.
내 아이가 스스로 물음표를 갖게 하는 방법은 무엇일까?

질문해야 생각 근육과
자존감이 자란다

질문은 나를 표현하는 힘이다.
질문이 곧 자존감의 시작이다.

❓ "네 생각은 어때?"로 키우는 생각 근육과 자존감

"가장 중요한 것은 질문을 멈추지 않는 것이다. 신성한 호기심을 절대 잃지 말라."

아인슈타인은 질문을 멈추지 말라면서 호기심은 그 자체만으로도 존재 이유가 있다고 말했다. 매일 호기심으로 비밀의 실타래를 한 가닥씩 푸는 경외감에 휩싸이지 않은 사람은 죽은 것이나 다름없다고 했다.

그는 어린 시절 자신에게 '이렇게 해라'는 말에 한 번도 '예'라고 대답한 적이 없다. 질문에 질문을 거듭해서 이유를 알아내고서야 수용했다. 모든 것을 궁금해하고 끝까지 밝히려는 그의 태도가 과학 분야에서 위대한 성과를 낳았다.

아인슈타인이 말하는 호기심이 바로 질문이다. 그의 말처럼 대상에게 질문을 던지는 순간, 당연한 것이라 치부하던 지극히 평범한 것에서 경이로운 새로움이 싹튼다. 이 새로움이 창의력과 자존감을 부르는 출발점이 된다.

아이들은 자기 생각을 밝히거나 질문하는 데 익숙하지 않다. 아이가 생각을 키우려면 부모는 어떤 역할을 해야 할까? 유대인 부모들은 아이에게 "마따호쉐프?"라는 말을 가장 많이 한다. '네 생각은 어때?'라는 뜻이다. 아이가 어릴 때부터 일방적으로 묻는 것이 아니라 아이를 존중하는 마음으로 아이 생각을 묻는다.

우리나라 부모님처럼 "학교 갔다 왔어?"가 아니라 "오늘 학교에서 배운 것 중 뭐가 제일 재미있었어?"라고 물어야 한다. '예' '아니요'가 아니라 아이가 자기만의 생각을 말할 수 있는 질문을 해야 한다. 아이가 자기 생각이나 의견을 구체적으로 표현하는 기회를 주기 위해서다. 부모는 아이가 대답하면 연이어 "왜 그렇게 생각했어?"라고 물어야 한다.

부모가 아이에게 말할 기회를 주는 것은 아이를 존중하는 행위다. 부모의 존중이 아이 생각을 여는 동기부여가 된다. "왜 그렇게 생각했어?" "어떻게 그런 생각을 했어?"라고 물으면서 아이 생각을 듣고 대화를 이어가면 그 자체가 부모와 아이가 함께하는 '생각 대화'가 된다.

다만 아이가 말할 때는 어떤 엉뚱한 대답을 하더라도 격하게 공감하거나 칭찬으로 돌려주어야 한다. 아이가 자신감이 생겨야 스스로 질문을 시작하기 때문이다. 질문은 또 다른 질문을 부르고, 질문에 대한 대답을 찾아가는 과정에서 생각 근육이 커진다. 생각 근육은 자기 의견을 논리적으로 드러내기 위해 근거를 찾는 과정에서 비판적 사고력도 높인다. 하브루타는 질문으로 짝과 대화하는 것이다. 부모가 아이와 동등한 처지에서 대화 상대가 되면 생각 근육은 저절로 크게 마련이다.

부모의 존중으로 출발한 아이의 질문은 사고도 자존감도 동시에 자라게 하는 매개체다. 부모 역할에 따라 아이 생각도 키우고, 자존감도 키울 수 있다. 질문을 하고 해답을 찾는 과정에서 희열을 맛본 아이들은 질문을 멈추지 않는다. 이 과정에서 자신감도 생긴다. 자존감은 자신감에서 시작한다. 자기 생각을 밝혀 말하는 것이 자신감을 키우는 첫걸음이다. 자신감이 자존감을 만들기 때문이다.

엉뚱한 질문을 많이 하고 정상적인 학교생활이 불가능하다는 이유로 김나지움을 그만둔 아인슈타인이나 어린 시절 친구들에게서 유대인이라는 이유만으로 놀림을 당한 스필버그 감독에게 자신들을 지지해준 부모님이 없었다면 그들은 세계적으로 유명한 업적을 남길 수 없었을 것이다. 항상 아이들을 존중하고 믿어주는 "네 생각은 어때?"라는 질문이 아이의 생각 근육을 키우고, 스스로 문제를 해결하는 힘을 키운다.

? 질문에 공감하면 자존감이 자란다

질문은 자기 생각을 표현하는 힘이다. 자기 생각을 표현했을 때 잘 들어주는 존중의 공감을 받으면 아이는 스스로 믿는 힘이 생겨 자신감이 커진다. 질문으로 자신감이 커진 아이는 당당하게 자기 생각을 표현하는 자존감도 자란다.

노인경 작가의 『곰씨의 의자』를 읽고 5학년 친구들과 질문을 만들었다. 이 책에서 곰씨는 혼자 평화롭게 벤치에 앉아 있는 것을 좋아한다. 차를 마시며 음악을 듣고 시집 읽기를 즐긴다. 곰씨의 벤치에서 탐험가 토끼와 무용가 토끼가 만난다. 탐험가 토끼가 무용가 토끼를 위로하며 둘은 사랑하게 되고 결혼까지 한다.

이내 아기 토끼가 많이 태어난다. 토끼 가족은 곰씨를 좋아한다. 친구가 된 토끼들은 매일 곰씨의 벤치에 놀러온다. 곰씨도 토끼 가족을 좋아하지만 매일 찾아오는 토끼들 때문에 혼자만의 시간을 점점 빼앗긴다. 곰씨는 토끼 가족에게 배려해달라고 이야기하고 싶지만 솔직하게 말하지 못한다. 혼자 고민만 하던 곰씨는 비를 맞고 쓰러진다. 토끼들의 간호를 받고 기운을 차린 곰씨는 그동안 말하지 못했던 속마음을 하나하나 천천히 말한다. 곰씨의 속마음을 알게 된 토끼들은 곰씨를 위해 배려를 한다.

내용 가운데 곰씨가 토끼들 때문에 힘들어하는 부분이 있다. 토끼들에게 솔직하게 말할 용기가 나지 않아 토끼가 벤치에 접근하지 못하도록 곰씨 나름대로 방법을 생각해서 시도하는 장면이 나온다. 페인트칠도 하고, 큰 돌도 가져다놓고, 벤치에 똥을 누는 방법까지 동원한다. 그런데 갑자기 하늘에서 비가 온다. 최후의 방법까지 실패로 돌아가자 곰씨가 절규하며 외친다.

"말도 안 돼! 날 보고 더이상 어쩌란 말이야. 내가 얼마나 노력했는데. 난 세상에 다시없는 친절한 곰이라고."

이 부분을 보고 지훈이가 질문을 했다.

"어떻게 자기가 자기 자신에게 친절하다고 말할 수 있을까요?"

"스스로 친절하다고 말하는 곰씨가 이상해 보여? 왜 그렇게 생각했어?"

"자기가 자신을 칭찬하는 게 이해가 안 돼요. 자신이 진짜 잘해서 잘한다고 하는 걸까요? 친구들도 이걸 인정할까요? 이해가 안 돼요."

"친구들이 인정해야 말할 수 있을까?"

"내가 솔직하게 바로 말해버리면 안 돼요! 완벽하게 해야 욕을 안 먹을 거고, 친구들도 나를 좋아할 테니까요. 나를 싫어해서 왕따시키면 어떡해요."

지훈이의 내면에는 불안감이 있다. 불안함이 커서 친구 관계에 대한 두려움까지 자리하고 있다. 처음 지훈이를 만났을 때는 질문을 만드는 것도 보여주기를 꺼렸다. 만나는 횟수가 거듭되면서 차츰 마음의 문을 열고 조심스럽게 질문했다. 그 대신 작은 버릇이 있다. 상대방 눈치를 조금 살피다가 자기 이야기를 꺼낸다. 그리고 첫 번째 순서는 절대 거부한다. 듣는 이가 고개를 끄덕이거나 웃음으로 잘 들어주면 그때부터 목소리에 힘이 들어가 점점 당당하게 말한다. 지훈이는 자기가 이야기할 때 상대방이 싫어할까봐 걱정이 많다.

지훈이의 두려움은 어디서 온 것일까? 스스로를 인정하지 못하고 다른 사람 기준에 맞추려고 하는 지훈이는 자신에 대한 믿음이 약하다. 다른 사람의 시선이 곧 나를 믿는 힘이 되어버렸다. 충분히 똑똑하고 논리적 근거가 탁월한데도 오롯이 자기에게만 집중하지 못한다.

'만약 나라면 토끼에게 솔직하게 표현할 수 있을까?'라는 질문으로 친구들과 토론하면서 지훈이는 조금씩 변화되었다.

"만약 나라면 토끼에게 솔직하게 표현할 수 있을까?"

"어때? 너라면 솔직하게 이야기했을까?"

지훈이는 자기 질문에 먼저 답하지 않고 짝에게 다시 물었다.

"나는 솔직하게 이야기했을 거야. 왜냐하면 저번에 수업시간에 선생님이 발표하라고 했는데 아무도 손을 안 들었거든. 그래서 내가 손을 들었어. 친구들 눈치가 보이긴 했지만 용기를 냈어. 한 번 손을 드니까 자신감이 생겨서 다음에도 계속 발표를 잘하게 되었어. 내가 곰씨라면 토끼들에게 솔직하게 말할 거야. 나를 좀 배려해달라고."

"나는 못할 것 같은데. 반장이 아닌데도 말할 수 있다고? 친구들이 인정해주지 않으면 어떡해?"

"괜찮아. 내 생각이 중요하니까 내가 자신 있게 말하면 친구들이 인정해줘. 너도 그렇게 해봐."

"우리 엄마는 내가 틀리게 말하면 틀렸다고 얘기해. 그럴 때마다 말을 더 완벽하게 해야겠다고 생각했어. 친구들도 내가 말을 완벽하게 하지 못하면 싫어하는 것 같아."

지훈이 엄마는 아들에 대한 기대가 크다. 그래서 지훈이가 똑똑한 만큼 더 완벽하게 도와주고 싶어했다. 틀린 답을 말하면 정확히 지적하고 바로잡아주었다. 이 과정에서 오히려 지훈이는 완벽해야 한다는 틀을 만들고 다른 사람 눈치를 보게 되었다.

토론이 끝나고 지훈이가 '목적의식'이라는 메시지를 찾았다.

짝처럼 용기를 내어 자신감 있는 목소리로 말을 하겠단다. 그리고 엄마에게도 부탁을 드려야겠다고 했다. '자신이 말을 할 때 조금 틀려도 혼내지 말고 그냥 잘 들어주고 마음을 알아줬으면 좋겠다'는 바람을 꼭 이야기하겠단다.

두려움이 많았던 지훈이는 자기 질문에 공감하는 짝 덕분에 용기를 얻었다. 그리고 당당하게 엄마에게 바람을 말했다. 지훈이 바람처럼 지훈이가 질문할 때 엄마가 짝이 되어 야단이 아닌 아이 마음에 푹 담긴 공감을 한다면 지훈이의 자존감은 금세 회복될 것이다.

어떤 질문으로
시작해야 할까

"우리 아들 표정에 숨겨놓은 보물은 뭘까?"
질문이 곧 존중이고 배려다.

❓ 질문하기 전에 알아야 할 것

"하브루타란 나의 생각 접기다."

하브루타 수업을 할 때 어느 부모님이 한 말이다. 부모로서 어떤 역할을 하고 어떻게 아이에게 다가갈지 수업이 끝난 뒤 느낌을 들려주셨다. 아이와 이야기할 때 내 생각을 접고 아이 생각을 온전히 들어주며 아이 마음을 들여다보겠다고 다짐하셨다.

그동안 아이가 말을 하지 않아서 많이 답답했는데, 답답할수록 조급함만 생기고 그러다보니 잔소리를 잔뜩 쏟아냈다고 자신을 돌아보셨다. 지금 생각하니 아이를 걱정할 것이 아니라 혼자만 말했던 자신을 걱정해야 마땅했다며 본인의 조바심이 오히려 아이가 말할 기회를 빼앗는 원인이 된 것 같다고 반성하셨다.

나 또한 하브루타를 만나기 전에는 그랬다. 이런 생각은 특정 부모님이 아니라 대부분 부모님이 공감할 것이다. 사막에서 쓰러져 죽는 것은 갈증이나 더위 때문이 아니라 조바심 때문이라는 말이 있다. 내 생각만 아이에게 그대로 요구하는 것은 아이의 질문권을 박탈하는 것과 같다. 그렇다면 양방향 소통을 하려면 어떤 준비를 해야 할까?

강경수 작가의 『꽃을 선물할게』라는 그림책을 보면 곰이 "거미는 좋은 동물이야"라고 하는 장면이 있다. 무당벌레가 거미줄에 걸려 곰에게 살려달라고 한다. 그런데 곰은 여름에 자기가 싫어하는 모기를 잡아준다는 이유로 '거미는 좋은 동물'이라며 무당벌레를 거미줄에서 구해줄 수 없다고 거절한다.

곰이 말하는 거미는 정말 '좋은 동물'일까? 누구 기준으로 좋은 동물일까? 무당벌레에게는 어떨까? 좋다는 의미는 지극히 주관적이어서 생각하고 싶은 대로 생각하는 것과 같다. 좋다는 것은 각자 기준이나 처지에 따라 다르다.

나는 어떤 기준으로 우리 아이를 대할까?

이 소감을 이야기한 부모님이 '거미는 좋은 동물'이라는 장면을 보고 만든 질문이다. "나는 내가 생각하고 싶은 대로 내 틀 안에서 나의 주관으로만 아이를 바라본 것이 아닐까? 아이를 무조건 인정하고 수용할 필요는 없지만 그럴 수 있겠구나 하고 한번쯤 이해했다면 좋았을 텐데 그러지 못해 후회된다"고 했다.

보고 싶은 대로 보는 것이 아니라 아이 의도와 이유를 먼저 고려하겠다는 준비된 마음이라면 이미 대화의 절반은 성공한 셈이다. 이 작은 다짐으로 아이 처지에서 아이 생각을 묻는 질문을 시작하면 분명 큰 바람을 일으킬 수 있다. 아이 생각에 대해 편견을 버릴 준비, 있는 그대로 격려하고 자발적 동기를 부여할 준비가 되었다면 질문을 시작하자.

❓ 어떤 질문으로 시작할까?

『영업의 달인이 되는 법』의 저자 톰 홉킨스는 훌륭한 질문이 우리를 근사한 곳으로 안내한다고 했다. 아이와 대화할 때 어떤 질문이 훌륭한 질문일까? 당연히 서로 생각과 마음을 주고받을 수 있는 질문이다.

서로를 알아간다는 것은 서로의 존재가 마음에 스며든다는 것이어서 관계 회복에 변화를 가져온다. 서로를 이해하는 질문으로 출발하면 둘만의 근사한 곳으로 갈 수 있다.

"아이가 무슨 생각을 하면서 웃을까요?"

한 강연장에서 내 아이의 행복한 얼굴을 그리라고 했다. 나는 내가 아는 아들의 가장 멋진 얼굴을 떠올리며 『이순구의 웃는 얼굴』처럼 그렸다. 강사가 어떤 순간이냐고 물었다. 최근 개장한 해수욕장에 갔을 때의 표정이라고 했다. 강사는 아이가 무슨 생각을 하면서 웃는지 말풍선을 그려 적어보라고 했다. 아들이 물을 좋아하기 때문에 망설임 없이 '바다에서 노는 것이 너무 좋아!'라고 썼다. 강사는 집으로 돌아가 아이의 진짜 생각을 꼭 물어보라며 숙제를 내주었다.

"승윤아, 지난 일요일에 해수욕장 갔을 때 말이야."

"왜?"

"차에서 내리자마자 혼자 물에 뛰어 들어갔잖아. 그때 무슨 생각을 했어?"

"물에 들어가서 장난할 때?"

"응."

"아, 나는 엄마가 갈아입을 옷을 가져왔는지는 모르고 옷이 다 젖으면 고추가 보여도 알몸으로 차에 타고 가야지 하는 생각을 했는데."

아들은 내가 부를 틈도 주지 않고 바다를 향해 냅다 달렸다. 슈퍼맨이 하늘을 향해 '쓩' 하고 날아가듯 모래사장을 지나 물살을 가르며 계속 뛰어 들어갔다. 물이 가슴까지 차올랐을 때에야 비로소 멈추고 뒤를 돌아보며 이순구보다 더 활짝 웃으며 하얀 이를 드러냈다. 그때 남편이 아들을 보며 한마디했다.

"자식, 하여간 생각이 없어. 옷 젖는 건 생각지도 않고 막무가내로 행동하는 게 늘 아쉬워!"

내가 사랑하는 아이이기 때문에 나는 다 안다고 착각했다. 오해, 섣부른 판단, 편견, 오류는 여기서 시작된다. 아이들에 대한 오해의 그림자를 만들지 않으려면 질문하면 된다. "그때 무슨 생각을 했어?" "그렇게 행동한 이유가 뭐야?" "네가 한 행동에 대해 너는 어떻게 생각해?" "네 생각은 뭐야?" "왜 그렇게 생각했어?"를 상황에 따라 살짝 변형해 질문을 던지면 된다.

하브루타를 한 이후 오해를 줄이기 위해 질문으로 접근한다. 아들은 『난 밥 먹기 싫어』라는 그림책에 나오는 주인공만큼 밥 먹기를 싫어했다. 식사시간만 되면 물었다. "엄마, 밥은 왜 먹어야 해?" "밥을 꼭 먹어야 해?" 이럴 때는 야단을 쳐서라도 식탁으로 부르고 싶다. 그런데 방법을 바꾸기로 한 뒤부터는 질문으로 다가간다.

"어떡하면 우리 아들이 즐겁게 밥을 먹을 수 있을까? 엄마가 무엇을 도와주면 될까?"

이렇게 질문하면 아들은 공룡을 데리고 밥을 먹겠다거나 엄마

옆자리에 앉고 싶다고 대답하면서 식탁을 향해 자발적으로 걸어온다. 이렇듯 '화내기' 대신 '질문'으로 아들에게 다가가고 있다. 공자는 "방향을 바꾸지 않으면 가던 대로 가게 된다"고 말했다. 내가 방향을 바꾸어보니 더디지만 아들도 스스로 변해가고 있다.

가끔 기분이 좋지 않아 보일 때는 "우리 아들 표정에 숨겨놓은 보물은 뭘까?"라고 접근하거나 종일 텔레비전만 볼 때도 "엄마가 안 놀아줘서 아들이 텔레비전이랑 친구하는 거야?"라며 간섭하지 않는 것처럼 한 발짝 물러나서 마치 엄마가 자기편인 것처럼 공감 질문으로 다가간다.

아이에게 혼란을 주지 않는 일관성 있는 말과 행동을 명심하면서 아이 처지에서 꾸준히 공감 질문을 하면 된다. 서로를 이해하는 질문이 곧 부모와 아이의 연결고리이기 때문에 질문하기를 멈추지 않으면 대화도 끊이지 않을 것이다.

아이가 물음표를
갖게 하는 방법

마침표를 물음표로 바꾸는 엄마표 질문이
내 아이를 질문 왕으로 만든다.

❓ 아이들은 이미 질문 왕이다

"아이들이 한 질문 맞아요?"

"아이들이 저런 생각도 해요?"

"내가 생각보다 아이들을 무시했나봐요."

"우리랑 질문이 비슷한데요? 같은 것도 있네요."

아이들이 만든 질문을 아이들의 부모님들에게 보여주었을 때
부모님들이 감탄하면서 꺼낸 말이다. 하브루타 부모 수업을 할
때 아이들과 같은 책으로 독서 토론을 했다. 수업이 끝날 때쯤 부

모님들에게 아이들의 질문과 생각을 보여주며 비교해보는 시간을 마련했다.

그때 부모님들 반응은 모두 똑같았다. '오!'라는 감탄사는 물론 아이들이 생각보다 질문을 잘 만들고 깊이 있는 생각을 한다는 것에 많이 놀랐다. 철학적 사고를 부르는 질문뿐만 아니라 부모님들이 미처 하지 못했던 질문까지 척척 만들어낸 아이들을 보며 감탄했다. 그리고 한마디 덧붙였다. "우리 아이도 저런 질문을 할 수 있을까요?" 믿기지 않는 듯 확인차 물었다.

영국의 철학자 존 로크는 "아이들의 호기심은 식욕과도 같다"면서 "아이들이 자신을 포기하고 어리석고 하찮은 일에 시간을 보내는 가장 큰 원인은 자신들의 질문이 무시되고 호기심이 좌절되었기 때문이다"라고 했다.

아이들의 능력은 이미 갖추어져 있다. 다만 부모들이 놓치고 있을 뿐이다. 아이가 질문을 할 때 어떻게 대처했는지 생각해보자. '아니, 그게 아니라 그건 이거야' '그런 것을 질문이라고 하니?' 이렇게 비난했거나 질문을 그냥 무시해버렸다면 이는 아이들의 흥미나 호기심을 거절한 것과 같다. 호기심은 식욕과도 같다는 로크의 말처럼 만약 아이가 배고파할 때 밥을 주지 않으면 어떻게 될까?

부모는 가능한 한 아이들에게 기회 제공자가 되어야 한다. 아이들에게 호기심의 밥을 주는 노력을 하기는 어렵지 않다. 그런데 부모는 대부분 전문가가 해야 하는 일이라고 생각한다. 그런 이유로 논술학원이나 국어학원에 보내는데, 사실 누구나 집에서 쉽게 할 수 있다.

예를 들어, 아이의 일상을 활용해보자. 아침에 일어나 밥을 먹을 때 아이에게 먹고 싶은 음식을 물어보고 왜 먹고 싶은지 이유를 생각해보게 하면 그것이 아이의 호기심을 자극하고 생각의 폭을 넓히는 기회가 된다. 메뉴를 엄마가 일방적으로 정하는 것이 아니라 아이에게 선택권을 주고 생각할 시간을 주면 아이는 기회를 제공받는 것이다. 메뉴를 만들어주거나 그럴 수 없는 상황이라면 '안 돼'가 아니라 서로 그 이유를 말하면서 대화로 풀어나가면 된다.

기회를 존중받은 아이는 스스로 사고를 키워갈 수 있다. 일상의 호기심에 익숙해진 아이는 점차 독서를 할 때도 깊이 있고 철학적 사고까지 끌어내는 질문을 던지는 것이 가능해진다. 또 신문의 사회면에 안타까운 상황이 자주 보이듯이, 사회구성원으로 살아갈 때도 자신만의 해결 방법으로 문제를 풀어나가는 힘도 생긴다.

아이는 이미 능력을 갖추고 있다. 아이들이 계속 질문하고 생각하는 습관을 유지하도록 부모가 함께 질문하고 들어주고 끊임없이 대화를 이어가면 스스로 재미를 느껴 호기심과 흥미는 덤으로 얻을 수 있다.

? '엄마표' 질문 품기 방법

하브루타는 엄마와 아이를 이어주는 말의 샘과 같다.

서로 질문하고 들어주고 마음으로 대화하니 함께하는 우리의 시간이 더없이 행복하다. 이것이 우리 모녀에게 변화를 일으킨 하브루타다. 아이와 대화할 때 조급한 마음이 여유로 바뀌었고, 일방적인 지시와 명령이 아이를 향한 격려와 지지의 따뜻한 말로 바뀌었다. 딸은 자신감에 찬 목소리와 표정으로 재잘재잘 쉴 새 없이 말문을 활짝 열었다.

자녀와 대화하면서 하브루타 질문 방법을 실천하고 있는 부모님이 쓴 후기다. 변화 과정을 조금 더 들어보자.

하브루타를 배우면서 초등 1학년 딸아이와 대화 방식이 많이 바뀌었다. 질문을 만들며 책을 읽었을 뿐인데 딸아이 표정이 점점 밝아지고 목소리는 커졌다.

평소에 나는 아이와 대화할 때 내가 답을 정해놓고 그 답을 듣기 위해 아이에게 강요 아닌 강요를 했다. 그럴 때마다 딸은 내 눈치를 보았고 자신감도 떨어지는 것 같았다. '엄마가 원하는 대답'을 찾느라 딸이 얼마나 힘들었을까?

하브루타를 하면서 무엇보다 가장 많이 변한 사람은 '나' 자신이다. 우선 나 자신이 듣고 싶은 대답을 내려놓게 되었다. 질문을 하고 아이 말을 기다렸더

130

니 자연스럽게 아이의 작은 말에 귀를 기울이게 되고 그 말을 인정하고 격려하는 멘트가 절로 흘러나왔다. 내가 아이에게 경청하고 아이를 인정하니 아이는 시간이 흐를수록 말이 많아지고 목소리가 점점 높아졌다. 요즈음은 "엄마, 오늘은 이 책으로 우리 이야기해볼까?"라며 먼저 나에게 다가온다. 둘이서 잠자리에 누워 책을 읽고 도란도란 즐거운 수다를 떠는 지금 너무 행복하다. 책읽기가 공부가 아니라 말장난과 같은 행복한 놀이가 되었다.

집에서 부모님이 질문으로 가장 쉽게 접근하는 방법은 아이들이 좋아하는 그림책을 함께 읽는 것이다. 다음 순서를 잘 지켜서 같이 이야기하면 자연스럽게 질문이 가능하다. 위 소감문을 적은 부모님이 딸과 함께 시도한 질문을 공유해주었으니 단계별로 살펴보자. 책은 딸이 좋아하는 권정생 선생님의 『또야 너구리가 기운 바지를 입었어요』로 했다.

첫째, 읽을 책의 표지를 보고 어떤 내용이 나올 것 같은지 질문으로 상상해본다. 표지에 있는 그림을 보고 무조건 '왜'나 '까'를 넣어 사실 질문을 만든다. 질문 만들기 연습도 되고, 내용도 미리 유추해봄으로써 책에 대한 호기심과 상상력을 자극할 수 있다.

'왜 너구리는 나무를 보고 있을까?' '왜 너구리는 핑크색 바지를 입었을까?' '왜 옷에 바느질이 되어 있을까?' '왜 가방을 메고 있을까?' '왜 너구리는 기분이 좋아 보일까?' '너구리는 어디에 가는 걸까?'

표지 부분의 질문은 가볍게 하는 것이 핵심이다. 만든 질문으로 답을 찾지 않아도 된다. 질문을 만드는 것 자체가 이미 관심과 집중력을 가져오기 때문이다.

둘째, 아이와 함께 분량을 나누어 서로 번갈아가며 낭독한다. 매일 꾸준히 읽으면 읽기 연습도 된다. 고학년이 되어도 읽기를 더듬거린다면 부담을 내려놓고 이 방법을 활용해도 좋다. 일부러 특별한 방법을 찾지 않아도 한 달이면 읽기가 부쩍 향상된다. 아이가 읽고 싶은 만큼 읽으면 된다. 만약 아이가 읽기를 싫어한다면 강요하는 것은 금물이다. 부모와 함께하는 활동에서는 무조건 아이를 즐겁게 해야 하기 때문이다.

엄마가 읽어주면 아이는 그 시간에 그림을 더 자세히 볼 수 있다. 가끔 어른들이 미처 보지 못하고 지나가는 그림까지 자세히 관찰하고 새로운 것을 발견해낼 때도 있다. 이 또한 아이가 마음껏 상상하도록 기회를 주는 것과 같다.

셋째, 책을 읽고 난 느낌을 이야기한다. 처음에 자신이 상상했던 이야기와 달랐다는 것도 괜찮고, 작품 속 인물을 보고 어떤 기분이 들었으며 어떤 마음이었다는 것도 괜찮다.

넷째, 각자 마음에 드는 부분을 찾는다. 책을 읽을 때는 분명 특별히 마음에 와닿았거나 인상 깊었던 부분 또는 재미있었던 부분이 있다. 이 부분부터 찾으면 자연스럽게 아이들이 입을 여는 계기가 된다. 아이가 말을 하면 '왜 이 부분이 재미있었어?'라고 이유를 물어주면 더 많은 이야기를 나눌 수 있다.

다섯째, 궁금한 것에 대해 질문을 만들어 함께 대화한다. 질문을 만들라고 하면 부담이 될 수도 있다. 이때는 표지 그림으로 질문놀이를 했던 것처럼 마음에 드는 문장을 골라서 문장의 끝인 '다' 또는 '요'를 '까?'로만 바꾸면 된다. 이 질문에 대해 둘이서 '왜냐하면'으로 시작해서 답을 찾다보면 대화가 이어져 또 다른 궁금증이 생긴다. 처음에는 단답형으로 대답할 수도 있지만 절대 다그치지 않고 들어준다. 인정하고 칭찬하는 것은 필수다. 첫술에 배부를 수 없듯 꾸준히 실천하는 것이 중요하다. 실천만 한다면 앞으로 아이 생각에 놀랄 일만 남았다.

처음 시도는 이 정도로 충분하다. 처음부터 많은 것을 하려고 하면 아이와 함께하는 두 번째 시간이 오지 않을 수도 있다. 마음을 비운 채 아이보다는 부모가 먼저 질문하는 모습을 보여주고 이야기도 먼저 시작하면 시간이 흐를수록 아이가 나보다 더 많은 이야기를 할 날이 반드시 온다.

등장인물이 왜 너구리일까?

배경은 어떤 계절일까?

또야의 가방에 무엇이 있을까?

또야는 왜 선생님께 기운 바지를 보여줬을까?

또야네 유치원은 버스가 없을까?

또야는 몇 살일까?

- 또야는 자연과 사람이 함께 살아가야 한다는 걸 이해했을까?

또야 엄마의 어릴 적 가정환경은 어땠을까?

유치원 친구들은 왜 기운 바지를 입겠다고 했을까?

어느 정도 질문에 익숙한 아이라면 이 정도 궁금함은 편안하게 얘기할 수 있다. 이 아이는 엄마와 두 달 동안 책을 읽고 질문을 10개 정도까지 만들어냈다. 처음에는 하나가 될 수도 있고, 두 개가 될 수도 있다. 그래도 칭찬과 격려를 아낌없이 하면 금세 많이 만들 수 있다. 물음표에 익숙해지려면 연습이 필요하다.

엄마와 딸이 질문을 만드는 이유는 서로 마음으로 대화하기 위해서다. 마음으로 이어지는 생각 대화를 지속하기 위해 질문을 만드는 것이다. 아이가 잘하기를 바라는 것이 아니라 질문으로 서로가 가까워지기 위해서임을 명심해야 한다.

"엄마는 어릴 때 어땠어?"

"할머니가 시장에 다니시면서 삼촌이랑 엄마를 키웠어."

"외할머니가 많이 힘드셨겠네. 장사도 하고 엄마랑 삼촌도 키워야 했으니까."

초등 1학년 딸은 '또야 엄마의 어릴 적 가정환경은 어땠을까?'라는 질문을 만들고 서로 이야기를 나누면서 엄마의 어린 시절을 궁금해했다.

일부러 아이에게 엄마의 어린 시절을 들려줄 기회는 많지 않다. 그것도 아이가 스스로 궁금해서 먼저 물어보는 경우는 드물다. 질문으로 대화를 나누는 이유가 여기에 있다. 서로 마음을 주고받으면서 엄마의 과거에 스며들고, 자연스럽게 아이도 엄마에게 공감할 수 있다. 부모만 아이에게 공감하는 것이 아니라 아이도 부모에게 공감하면서 서로를 알아가는 것이다.

엄마의 물음표가 아이의 물음표가 되고, 아이의 질문이 엄마의 질문이 될 때 비로소 울림을 만들 수 있다.

아이의 질문에
질문을 더하다

질문은 또다른 질문을 부르고
생각 근육과 마음 근육을 키운다.

? 생각을 열어주는 힘

우리는 살면서 많은 문제를 만난다. 문제가 생기면 상황을 해결해줄 정답을 찾으려고 노력한다. 이때 정답은 몇 개일까? 삶의 이정표는 도로에 있는 표지판처럼 하나의 방향을 지시해주지 않는다.

정답이 하나가 아닌 것은 분명하다. 인생에는 정답이 없기 때문이다. 선택의 연속만 있을 뿐이니 좀더 나은 선택을 하기 위해, 최선의 결정을 하기 위해 고민하는 과정을 거친다. 그런데 어떤 탐색 과정을 거쳐야 최선의 해결책을 찾을 수 있을까?

영국의 철학자 프랜시스 베이컨은 "질문으로 파고든 사람은 이미 그 문제의 해답을 반쯤 얻은 것과 같다"라고 했다. 그는 진리를 알아내는 방법을 찾으려고 노력했다. 그는 인간이 가지고 있는 편견과 우상에 대해 연구하면서 중세적인 '신' 중심주의 사고의 틀을 깨고 '인간' 중심 사고로 바꾸어놓았다.

그는 끊임없이 인간이 가지고 있는 편견, 즉 우상을 깨뜨릴 수 있다고 믿었다. 그가 이렇게 믿을 수 있었던 힘이 바로 질문이다. 베이컨은 평생 질문을 거듭하면서 진리를 탐구했기 때문이다. 이처럼 질문에 질문을 더하면 하나의 정답을 깨뜨리고 새로움을 발견할 수 있다. 즉 질문들은 내 인생의 올바른 방향을 알려주는 이정표가 된다.

아이들과 탈무드 내용 중 『소금과 솜을 싣고 가는 당나귀』를 읽고 질문을 만들었다. 당나귀 한 마리가 소금을 싣고 가다 물에 빠져 등에 있던 소금이 다 녹아버렸다. 소금 때문에 힘겹게 걸어가던 당나귀는 소금이 녹자 가벼운 걸음으로 길을 갔다. 당나귀는 이번에도 등에 짐을 싣고 걸어갔다. 힘들어진 당나귀는 일부러 물에 빠져버렸다. 그러나 이번에는 등에 있던 짐이 더 부풀어 올라 무거워졌다. 당나귀 등에 있던 짐은 소금이 아니라 솜이었던 것이다.

주인은 당나귀를 용서해주었을까?

소금은 물에 젖으면 쓸 수 없지만 솜은 말리면 다시 사용할 수 있는데 왜 똑같이 대해줬을까?

왜 당나귀는 꾀를 부렸을까?

소금이 물에 금방 녹을까?

꾀와 지혜의 차이점은 무엇일까?

왜 당나귀는 주인에게 짐이 무엇이냐고 물어보지 않았을까?

이것은 한 친구가 첫 번째 질문을 만들고, 순차적으로 두 번째, 세 번째를 이어 만든 질문이다. 질문을 자세히 살펴보면 아이 생각의 흐름을 엿볼 수 있다.

첫 번째 '주인은 당나귀를 용서해주었을까?'라는 질문을 만든 이유가 두 번째 질문에 나타나 있다. 당나귀가 물에 빠졌을 때 소금은 모두 녹아 없어졌지만 솜은 더 무거워지긴 했어도 없어지지는 않았다. 아이는 결과물의 재사용 기준에 따라 당나귀의 잘못을 논하고 싶어했다.

세 번째 '왜 꾀를 부렸을까?'라는 질문에는 아이의 또 다른 생각이 숨어 있다. 첫 번째 짐인 소금이 물에 녹아 가벼워졌기 때문에 두 번째 짐도 가벼워지려고 꾀를 부린 걸까? 얼핏 보면 그럴 수도 있다. 그런데 이 아이는 그런 이유가 아니다. 네 번째 질문을 보면 알 수 있다.

"이 질문을 왜 만들었어?"

"아, 소금이 양이 많은데 물에 금방 녹을까요?"

"넌 어떻게 생각하는데?"

"제 생각에는 당나귀가 허우적거리는 척하면서 주인 몰래 일부러 녹인 것 같아요. 많은 양의 소금이 금방 물에 녹지 않기 때문에 저는 당나귀가 꾀를 부렸다고 생각해요."

아이만의 생각의 연결고리가 '꾀와 지혜의 차이점'을 묻는 질문을 또 낳았다. 당나귀의 의도와 결과물에 초점을 맞추어 꾀가 무엇인지, 지혜가 무엇인지까지 논할 수 있었다.

이런 이야기를 거듭하면서 아이는 마지막 질문으로 종지부를 찍었다. 당나귀는 꾀만 있을 뿐 어리석은 것 같다고 했다. 그 이유는 '왜 첫 번째 짐과 두 번째 짐이 똑같은 거라고 생각했을까?' '왜 주인에게 짐이 무엇이냐고 물어보지 않았을까?' '왜 당연히 소금이라고 생각했을까?'였다. 아이는 당나귀가 어리석다면서 "질문을 해야죠!"라며 웃었다.

"질문은 질문을 부른다"는 말이 있다. 아이의 처음 질문은 두 번째, 세 번째 질문을 불렀다. 질문으로 시작하면 사고의 연결고리가 확장된다.

우리는 당나귀처럼 행동한 적이 없을까? 정답을 정해놓고 해결하려 했던 당나귀의 모습은 오직 당나귀만의 모습은 아닐 것이다. 인생을 살면서 많은 문제를 만나게 된다. 그때마다 정답이 하나는 아니다. 답은 상황에 따라 다르다.

베이컨은 "아는 것이 힘이다"라고 했다. 진리를 알아내기 위해 질문에 질문을 계속 더하는 것이 곧 내 삶의 이정표가 되는 답이 되고, 질문을 던지는 힘이 곧 내가 스스로를 잘 이끄는 아는 힘이 된다.

❓ 나를 키우는 힘

질문에 질문을 더하면 내 마음을 자세히 보는 힘이 생긴다. 스펜서 존슨은 "아이가 바른 행동을 하게 만들려면 자신에 대해 기쁘고 좋은 마음을 느끼게 도와줘야 한다"고 했다. 아이가 자신에 대해 좋은 감정을 느끼는 것이 바로 자존감이기 때문이다. 스스로를 '괜찮은 아이' 또는 '좋은 아이'라고 깨닫기 위한 첫걸음이 질문이다. 나를 사랑하려면 먼저 나를 들여다볼 줄 알아야 한다. 질문이 나를 자세히 보는 계기가 된다.

재클린 우드슨의 『친절한 행동』이라는 그림책을 아동센터 초등 아이들과 읽었다. 아이들에게는 자기만의 방어기제로 울타리 같은 벽들이 있다. 자기 울타리를 넘어오는 친구들은 가차 없다. 부정적인 언어와 행동으로 방어기제가 표출된다. 상처받지 않으려고 친구에게 상처를 주는 듯하다.

염려되는 것은 소심하고 내성적인 아이들이다. 마음이 여린 아이들은 피해받은 상처를 고스란히 가슴에 묻어둔다. 이런 아이들에게 도움이 되고 싶어 같이 책을 읽는다. 변화시키려는 기대보다는 자연스럽게 마음을 드러내도록 하고 싶어서 함께 질문을 만들고 대화를 나눈다.

'친구들이 마야와 왜 안 놀았을까?'라는 질문을 다은이가 했다. 아이들을 괴롭히는 준현이가 먼저 대답했다.

"옷이 낡아서요."

"낡은 옷을 입어서 친구들이 마야와 놀지 않았을까?"

그때 다은이가 조용한 목소리로 말했다.

"낯설어서 그럴 수도 있어요. 저도 먼저 놀자고 말을 못했을 것 같아요."

다은이는 수줍음이 많은 아이다. 질문에서 자기 모습을 떠올린 모양이다.

"왜?"

"원래 먼저 말을 잘 못하고 또 같이 노는 친구가 싫어할 수도 있어서 놀고 싶어도 말을 못했을 거예요."

다은이 옆에는 항상 현주라는 친구가 있다. 현주는 다은이가 교실에 들어오면 꼭 자기 옆자리에 앉힌다. 그리고 잘 빗어진 다은이 머리를 풀었다 묶었다를 반복하기도 한다.

"마야의 기분은 어땠을까?"

"슬펐을 거예요. 저도 매일 그래요."

그때 현빈이가 질문했다.

"왜 친구들이 놀렸을 때 싫다고 말을 안 했을까요?"

"안 한 게 아니라 못한 것 아닐까요?"

다은이가 이야기했다.

"왜 못했다고 생각해?"

"마야는 혼자고 친구들은 여러 명이니까 용기를 낼 수 없었을 거예요."

현빈이가 한참을 곰곰이 생각하더니 다른 대답을 했다.

"저는 처음에는 선생님께 말을 하고 그래도 자꾸 놀리면 한 번은 화를 내봤을 것 같아요. 어차피 싸우든 싸우지 않든 혼자 놀 텐데 화라도 내면 속마음은 시원할 거잖아요."

현빈이도 남자아이지만 내성적이어서 준현이가 괴롭혀도 늘 참기만 했다. 현빈이와 다은이는 아동센터에서도 수줍음이 많아 늘 말수가 없다.

아이들과 '왜' '어떻게' '까' '만약 나라면'을 넣어 한참 꼬리 물기 질문으로 이야기를 했다. 아이들은 책 속 인물에 빗대어 자기를 떠올렸다. 책을 통해 자기 경험을 떠올리고 상황을 이야기하면서 본인의 마음 상태를 들여다보았다. 그리고 자기만의 다짐 메시지를 적었다.

다은: 선생님이 두려움 앞에 당당히 맞서는 것이 용기라고 했다. 앞으로는 친구 눈치 안 보고 용기를 내서 싫다고 말할 것이다. 머리 묶는 것도 그만하라고 하고 가끔은 내가 앉고 싶은 자리에도 앉아볼 것이다.

현빈: 신호등에 빨간불이 있듯 나도 빨간불이 켜질 때가 있다. 친구에게 초록불이 올 때까지 나에게 오지 말라고 할 것이다. 나를 보호할 수 있는 사람은 나 자신이기 때문이다.

질문은 나와 타인을 자세히 관찰하는 거울이다. 내 경험에 비추어 행동과 기분, 생각을 부른다. 나를 능동적으로 움직이게 해서 긍정적인 마음을 깨운다. 내가 나를 사랑하려면 나를 들여다보는 힘이 우선되어야 하는데 질문과 대화에는 나에게 좋은 에너지가 있음을 깨닫게 해주는 힘이 있다.

질문으로 나를 들여다보고 자기 안의 좋은 마음, 긍정을 심을 수 있다. 이것이 하브루타 질문의 또 다른 힘이다.

스스로 질문하는 아이가
자존감이 높다

'나는 누구인가?' 세상을 움직이려면
먼저 나를 움직여야 한다. - 소크라테스

❓ 스스로 참모습을 찾아가는 과정

나도 다시 시작할 수 있을까?

진짜 나를 찾을 수 있을까?

어떻게 하면 될까?

나를 존중하는 방법은?

호아킴 데 포사다와 레이먼드 조가 지은 『바보 빅터』를 읽으면
서 내 안에 던졌던 질문이다. 내가 나로 살아가려면 빅터가 깨달

왔던 것처럼 나를 사랑하는 것이 우선이다. '해도 될까?'라는 두려움보다는 '할 수 있다!'는 나에 대한 믿음이 무엇보다 중요하다. 러시아 극작가 안톤 체호프는 "인간은 스스로 믿는 대로 된다"라고 했다.

『바보 빅터』를 읽으면서 깨달았다. 깊은 감동만큼 여운이 컸다. 빅터처럼 나의 잠재력이 펼쳐지지 못하도록 억누르던 것은 바로 나였음을. 내가 나를 믿지 못하고 다른 사람의 시선만 신경 쓰느라 진짜 내가 하고 싶은 것은 감추다 못해 없다고 생각했다. 지나친 겸손이 상대가 하고 싶은 대로 나를 움직이는 독을 만들었다.

『바보 빅터』에는 발레리나가 꿈이었던 시골 마을의 소녀 이야기가 나온다. 소녀는 자기 실력을 검증받기 위해 마을을 방문한 세계 최고의 무용수를 찾아간다. 무용수는 소녀의 춤을 보고 "넌 재능이 없어"라고 한다. 소녀는 재능이 없다는 말에 크게 실망하고 발레를 포기한다.

시간이 흘러 소녀는 은퇴한 무용수를 우연히 다시 만난다. 어른이 된 소녀는 다시 무용수에게 묻는다. 아무리 최고 무용수라 해도 어떻게 단 1분 만에 소녀의 가능성을 알아볼 수 있냐고 말이다. 그때 무용수는 무심한 듯 말한다. "당연히 알 수 없죠." 소녀가 화를 내며 무용수를 탓하자 무용수는 오히려 소녀에게 소리친다. "당신이 남의 말을 듣고 꿈을 포기했다면 성공할 자격이 애초에 없었던 겁니다."

발레리나의 이야기를 듣고 빅터는 비로소 깨닫는다. 발레리나처럼 자신도 세상이 붙여준 '바보'라는 이름으로 바보가 되어 17년을 살았는데 이것은 오히려 자신의 선택이었다는 것을, 바보로 살 수밖에 없었던 인생의 책임은 다른 사람이 아닌 자신의 몫이라는 것을 알았다. 빅터 인생에 정작 '나'라는 주인은 없었기 때문이다.

발레리나 이야기를 듣고 빅터는 가슴속 울림을 느꼈다. 그리고 '다시 시작할 수 있을까?'라는 물음으로 진정한 자신을 찾겠다는 다짐을 했다. 그는 훗날 멘사 회장이 되어 진짜 자신을 찾는다.

받아쓰기 점수가 낮다는 이유로 "엄마, 나는 바보야?"라는 질문을 던지던 아들이 나와 함께 빅터 이야기를 읽으면서 자신감을 찾았다. '빅터는 왜 자신을 바보라고 생각했을까?' '왜 스스로를 믿지 않았을까?'라는 질문을 만들고 대화를 하면서 "엄마, 나도 똑똑하네!" "나는 공룡박사야!" "고고학자가 될 거야!"라고 했다.

내 아이가 스스로 자기 삶을 계획하고 주체적으로 살아가기를 원한다면 아이에게 선물하자. 자기를 돌아볼 수 있는 시간을 주고, '나'에 대해 질문을 던지는 발걸음을 뗄 수 있게 돕자. 우리 아이가 뒤뚱뒤뚱 불안한 몸을 이끌고 스스로 첫발을 내딛던 감격의 그 순간은 질문으로 다시 탄생할 수 있다.

나는 누구인가?

나는 무엇을 좋아하는가?

내가 잘하는 일은 무엇인가?

나는 어떤 사람이 되고 싶은가?

소크라테스는 말했다. '지금 사유하고 있는 나는 누구인가?'라는 질문에서 인간에 대한 존재의식이 시작된다고. 자신이 누구인지에 대한 물음이야말로 나의 가치관과 철학을 세우는 출발점이다. "세상을 움직이려면 먼저 나를 움직여야 한다"라고 그가 말했듯 나를 돌아보고 나를 직면하고 '진짜 나'를 만들어가자.

질문으로 스스로를 찾아가는 아이는 인생에서 최고 선물을 내 안에서 발견할 수 있다. 자신을 위한 진짜 삶을 사는 힘을 키울 수 있다.

❓ '만약 나라면' 질문하기

'만약 나라면'으로 시작하는 질문은 초점을 다른 사람이 아닌 '나' 자신에게 맞출 수 있는 물음이다. 자기반성과 성찰을 하기에 좋은 방법이기도 하다.

하브루타 수업을 할 때 질문 칸에 '만약 나라면'이라는 다섯 글자를 미리 적어놓는다. 자유롭게 '왜' '어떻게' '까'를 만들고 한 줄 만큼은 자신을 깊이 들여다보았으면 해서다. 자기 적용 질문을 하면 자기 경험은 물론 '나'에 대해 인식할 총체적 기회를 갖기 때문이다.

중등 자유학기제 수업을 할 때 항상 친구들을 괴롭히기만 하는 대성이라는 아이가 있었다. 대성이는 거만하게 교실을 휙 둘러보면서 '걸리면 다 죽는다'는 레이저를 쏘았다. 수업시간에도 딴청을 피우기 일쑤였다. 그러다 심심하면 앞에 앉아 있는 친구를 건드렸다. 친구가 대꾸를 하지 않으면 어떻게든 관심을 끌기 위해 "엄마 없는 애는 닥쳐라!" "네 엄마 이혼해서 없지!" 등 상처를 주는 난폭한 언어를 과감하게 내뱉었다.

처음 대성이를 만났을 때는 대략 난감했다. 그런데 이런 대성이가 질문을 하고 대화를 하면서 점점 자신을 돌아보기 시작했다. 그리스·로마신화에 나오는 '다이달로스와 이카루스' 내용으로 하브루타를 할 때 대성이가 질문을 했다.

만약 나라면 탈출할 수 있었을까?
나는 잘하는 게 없는데 어떻게 날개를 만들 생각을 할 수 있었을까?
어디서 배웠을까?
나라면 아버지 말을 들었을까?

148

아이들이 다양한 질문을 했지만 대성이 것만 옮겨보았다. 그동안 대성이의 질문지는 백지였다. 그래서 이 네 질문이 더 값지게 느껴졌다.

"너라면 탈출할 수 있었을까?"

"당연히 못하죠!"

"왜 그렇게 생각해?"

"저는 할 줄 아는 게 없으니까요."

"두 번째 질문은 왜 했어?"

"다이달로스가 날개를 잘 만드는 것은 타고난 것 아닐까요?"

대성이는 사람의 능력은 타고나는 것이고 자신은 그런 능력이 전혀 없다고 생각했다.

"그럴 수도 있지. 그런데 타고나기만 할까? 타고나도 자기가 노력하거나 즐기지 않았다면 탁월함을 유지할 수 있었을까? 모차르트와 살리에르 이야기 알지? 모차르트는 천재라고 하지만 음악을 즐겼고, 살리에르는 능력이 출중했지만 항상 모차르트에 대한 질투나 경계로 자기를 제대로 즐길 수 없었거든. 너라면 어떤 삶을 살 것 같아?"

"즐겨야죠. 질투로 허비할 수는 없죠!"

"그렇지. 기왕이면 즐겁게 하는 것이 좋겠지? 대성이는 뭔가를 즐겁게 한 적이 있어?"

"글쎄요. 없는 것 같은데요."

"아무거나 괜찮아. 다 말해봐."

"요즘은 태권도할 때가 제일 좋아요. 잘하기도 하고요."

"좋겠다! 태권도로 스트레스를 풀어도 되겠다. 스트레스받을 때 많지?"

"학교에 오는 것 자체가 스트레스예요. 공부하는 것도 싫어요."

"그럼 네가 잘하는 것만 하는 건 어때?"

"그럴 수만 있다면요."

"네가 잘하는 것만 해도 즐겁게 한다면 체육계의 모차르트가 될 수 있을 것 같은데."

"모차르트는 심했어요!"

'모차르트'라는 말에 대성이가 웃음을 터뜨렸다.

"커서도 즐겁게 할 수 있는 일을 생각해볼까?"

"제복 입은 모습이 멋있으니까 경찰이나 도장에서 매일 운동할 수 있는 사범은 제가 될 수 있을 것 같아요."

"완전 멋있는데!"

대성이와 둘이 하이파이브를 했다. 다음은 대성이가 쓴 글이다.

나도 잘하는 것이 있다. 태권도. 태권도를 하면 학교에서 공부할 때랑 다르다. 즐거운 마음이 든다. 공부나 친구 때문에 스트레스를 받으면 태권도를 하면서 긍정적으로 살아야겠다는 생각이 든다. 나는 나를 믿어볼 것이다. 앞으로 꿈을 이루기 위해 태권도를 더 열심히 해야겠다.

항상 친구들을 괴롭히기만 하던 대성이가 자기와 교감하고 자신도 잘하는 것이 있다는 사실을 인식했다. 그리고 메시지를 찾았다. 대성이는 누구나 잘하는 태권도가 아니라 내가 좋아하는 태권도라는 것을 깨닫고 꿈까지 설정했다.

대성이처럼 내가 나의 존재를 바르게 인식해야 나에 대한 믿음이 생긴다. 이 믿음이 아이를 움직이게 하는 원동력이다. 내가 나를 바로 서게 하는 확신이 곧 자신감이고 자존감이다.

멘사 회장이었던 브라이언 트레이시는 "우리 마음은 우리가 가진 가장 귀중한 소유물이기 때문에 내 삶의 질은 이 값진 선물을 얼마나 잘 개발하고 훈련하고 활용하느냐에 달려 있다"고 했다. 대성이는 '만약 나라면'이라는 질문으로 자신을 볼 수 있는 선물을 받았다.

TIP

하브루타 독서 육아 스토리텔링의 힘

하브루타 독서 육아에는 스토리텔링의 힘이 있다. 질문이 이야기를 열어주기 때문이다. 이야기가 있는 질문은 분야를 넘나드는 자유로운 상상을 가능하게 한다.

스토리텔링은 '스토리(story)+텔(tell)+링(ing)'의 합성어로 말 그대로 '이야기하다'라는 뜻이다. 예를 들면, 흩어진 단어 여러 개나 이미지들을 하나의 주제로 연결해 스토리를 만드는 것이다. 성질이 다른 대상에 생각을 붙어넣어 의미와 가치를 도출하는 것도 스토리텔링이다. 스토리가 있는 재구성이라 할 수 있다. 즉 스토리텔링은 생각을 융합하는 것이다.

질문으로 호기심을 부르고, 그 물음에 나만의 스토리를 담아 의미를 창조한다. 질문 독서를 하면 스토리가 있는 융합적 사고능력이 키워지고, 창의력이 쑥쑥 자란다.

질문 독서를 하면 시간과 공간, 분야와 분야를 허물 수 있고, 나만의 새로운 가치 만들기가 가능해진다. 질문을 하다보면 상상력은 저절로 키워지고, 질문과 질문의 연결고리를 따라 깊숙이 들어가면 전혀 다른 새로운 것들을 만나게 된다.

아인슈타인은 지식보다 상상력이 중요하다고 했다. 21세기는 특히 상상력을 요구하는 시대다. 창조와 융합, 혁신이 필요한 시대다. 김대식 교수는 저서 『김대식의 인간 vs 기계』에서 우리가 원하든 원하지 않든 인공지능시대는 시작될 것이라고 했다. 알파고의 승리가 어쩌면 호모 사피엔스의 시대가 서서히 막을 내리고 있음을 보여주는지도 모른다고 했다. 그러면서 미래 인공지능시대에 역사적 희생자가 되지 않도록 만반의 준비를 해야 한다고 했다. 또 우리 노력과 비전에 따라 천국이 될 수도 지옥이 될 수도 있다고 했다.

미래를 위해 우리가 어떤 노력을 하면 될까? 우리가 꼭 갖춰야 하는 역량은 무엇일까? 상상력과 창의성으로 기계를 잘 만드는 데 그쳐서는 안 된다. 인간이 인간답게 살 수 있는 상상력과 창의성을 키워야 한다. 인간이 결코 잃어서는 안 되는 휴머니즘을 근간에 품고 있어야 한다. 바로 그것이 질문이 있는 창의 감성이다.

질문 독서로 스토리텔링을 하면 아이의 창의성과 감성을 함께 키울 수 있다. 질문 독서는 등장인물의 기분과 감정까지 살피면서 질문을 만든다. 인간 본성에 대한 질문을 하고 사유하는 인간을 만든다. 단순히 대상의 외부 환경만 보는 것이 아니라 내면의 세계에 깊은 물음을 품는다. 인간의 감정 교류, 공감의 흐름까지 자세히 들여다본다. 이 과정에서 감성이 동시에 살아난다.

실제로 부모가 아이의 창의 감성을 어떻게 키울 수 있는지 알아보자.

감성을 키울 때는 오감(청각, 시각, 촉각, 후각, 미각)뿐만 아니라 감정과 느낌을 함께 관찰해야 한다. 예를 들어 아이가 숲 체험을 할 때 솔방울을 주었다면, 아이에게 오감으로 느껴보라고 한다. 그리고 질문을 만들면서 솔방울에 대한 느낌이나 기분, 감정을 함께 떠올려보라고 한다. 그러면 아이만의 감성이 있는 스토리를 만들 수 있다. 스토리텔링은 이렇게 시작하면 된다. 마치 마인드맵을 그리듯이 연상 단어와 느낌 단어들을 떠올리고, 그 단어들을 활용해 자기만의 이야기를 만들면 된다. 그런 다음 질문을 만들면 깊이 있는 질문이 나오고, 질문의 연결고리가 아이만의 가치를 담는 창의성으로 연결된다. 이것이 감성이 들어 있는 상상력을 키우는 스토리텔링의 힘이자 방법이다.

감성을 키울 때 도움이 되는 몇 가지 팁을 적어본다. 함께 활용해보자.

아이가 조금 더 세밀하게 감정 들여다보기를 하려면 감정 단어들을 먼저 알려줘야 한다. 아이에게 "기분이 어때?"라고 물으면 대부분 "좋아요" "즐거워요" 등의 포괄적인 표현을 한다. 그 이유는 아이들이 어떤 느낌 단어들이 있는지 모르기 때문이다.

『42가지 마음의 색깔』이라는 책이 있다. 42가지의 비슷하고도 다른 감정 단어를 쉽게 접하면서 아이들이 다양한 감정세계에 푹 빠질 수 있는 책이다. 기분이 좋을 때 '어떻게' 좋은지, 즉 "포근해서 좋아요"라고 구체적으로 표현할 수 있게 도와준다. 이뿐만 아니라 『아홉 살 마음사전』 『아홉 살 함께 사전』 『마음색칠』 등 좋은 책이 많으니 참고해보자.

아이들과 『42가지 마음의 색깔』을 활용할 때는 브루마블처럼 주사위 게임을 하면서 놀아보자. 책을 펼치면 앞부분에 42가지 마음이 뱀처럼 그려져 있다. 그것을 그대로 활용한다. 예를 들어, 주사위를 굴려 '4'가 나오면 '화'가 있는 칸으로 간다. 그러면 '내가 화났던 때는 언제였는지'에 대해 이야기하고, 다음 사람이 같은 방식으로 주사위를 굴리면 된다. 놀이처럼 아이에게 쉽게 접근해주면 더 재미있게 감정 단어들을 익힐 수 있다.

이밖에도 사진이나 그림을 활용해 감정과 연결 짓기를 해도 좋다. 각각 다른 여러 사진 또는 그림을 펼쳐놓고 '내 기분을 대신할 수 있는 카드'를 찾아보게 하면 된다. 만약 사진이나 그림이 없다면 색종이를 펼쳐놓고 기분과 색을 연결해 선택하게 해도 좋다.

"오늘의 기분을 대신할 수 있는 색깔을 골라볼까?"

"왜 그 색깔을 골랐어?"

이 활동은 감정과 다른 대상을 연결 짓기 때문에 창의성과 감성이 동시에 키워지는 장점이 있다. 그리고 자기만의 스토리가 자연스럽게 만들어진다. 아이 생각을 쉽고 즐겁게 끌어낼 수 있기 때문에 꼭 추천하고 싶다.

일상에서 늘 가까이하던 대상에 대해 질문으로 호기심을 가지게 하고 이야기를 만들어보자. 감정과 느낌 단어들을 결합해 나만의 스토리를 만들어 이야기해보자. 아이를 학원에 보내지 않아도 집에서 부모와 놀이하면서, 스토리텔링 독서를 하면서 아이의 상상력과 창의성을 충분히 키워줄 수 있다. 부모가 이렇게만 실천해도 아이는 창의적 인재는 물론 따뜻한 감성을 겸비한 인물로 성장할 것이다.

4장

하브루타
질문 육아,
이렇게 해보자

빨리 가려면 혼자 가고, 멀리 가려면 함께 가라는 말이 있다.
서로 격려하고 즐거움을 담는 걸음을 함께 걸을 때
부모도 아이도 모두 진정한 행복을 누릴 수 있다.
부모가 아이의 든든한 지원자이자 절친이 되어보자.
서로 믿어주고 지지하는 행복의 씨앗을 뿌려보자.

하브루타 질문 육아, 어떻게 할까

엄마는 아이에게 무언가를 해주는 사람이 아니라
아이와 함께 웃고 함께 성장하는 사람이다.

❓ 육아의 주체를 바꿔라

우리 아이는 내가 낳은 걸까요?

아이가 나에게 와서 태어난 걸까요?

위 두 질문에 답을 해보자. 어떤 질문이 나에게 와닿았나? 왜 그렇게 생각했나? 잠시 질문에 답하는 시간을 가져보자.

흔히 부모들은 아이가 '내 소유물'이라고 생각하는 경향이 있다. 내가 열 달을 품고 아파하며 낳았기 때문이다. 하지만 바꾸어 생각할 수도 있다. 만약 아이가 나에게 와주지 않았다면 어땠을까? 또는 나름의 이유로 아이가 부모를 선택했다면? 그래도 아이에 대한 권리가 부모에게만 있다고 할 수 있을까?

사랑한다는 이유로, 내가 낳았다는 이유로 부모는 아이에게 무언가를 해줘야 한다고 생각한다. 여기서 육아는 부모 중심으로 흘러가게 된다.

『내가 엄마를 골랐어!』라는 그림책이 있다. 일본 작가 노부미가 글을 쓰고 그림까지 그린 책을 황진희 작가가 번역했다. "나는 저 엄마로 골랐어!"라는 아기의 대사로 페이지가 시작된다.

이 책을 읽다보면 한 번도 의심해보지 않았던 새로운 관점에 놀라게 된다. '이 세상 수많은 사람 가운데 우리는 어떻게 엄마와 아이로 만났을까?'를 고민할 수 있다. 아이와 부모의 만남이 어떻게 시작되었는지, 우리 만남이 얼마나 특별한지를 인식하게 해주는 책이다.

"나는 엄마를 기쁘게 하려고 태어나는 거예요."

"괜찮아요! 나는 엄마가 나한테 뭘 해주길 바라는 게 아니니까요."

아기가 하늘나라에서 엄마를 고르며 하는 말이다. 아기가 고른 엄마는 유독 청소도 얼렁뚱땅, 요리도 엉망진창, 잘하는 게 하나도 없다. 모든 아기가 싫어하는 엄마를 선택한 이 아기는 자신이 엄마를 기쁘게 하려고 태어나는 것이라고 말하며 엄마 배 속으로 들어간다.

엄마도 아기를 임신하고 매우 기뻐한다. 아기가 세상의 중심이 된 듯 엄마의 일상은 아기를 중심으로 흘러간다. 그러나 아이는 태어나고 성장하는 과정에서 점점 엄마 말을 안 듣는다. 엄마는 화난 얼굴로 아이에게 말한다. '그건 먹으면 안 돼!' '위험해!' '낙서하면 안 된다고 몇 번을 말해!' '하지 마'라는 말만 계속 소리친다. 엄마를 기쁘게 해주기 위해 태어났다는 아이는 엄마의 야단에 어떤 마음이 들까? 주인공은 태어나지 말걸 그랬다며 후회한다. 아이 말을 듣고 엄마가 이야기한다.

"엄마는 너를 바르게 키워야 한다고 생각했어."

'바르게 키워야 한다'며 야단치는 책 속 엄마는 우리가 실제로 많이 보던 엄마다. 바로 우리와 닮았다.

'바르게 키운다'는 의미는 무엇일까? 어떻게 키우는 것이 아이를 바르게 키우는 것일까? 보통 부모는 제대로 육아하고 올바르게 훈육한다는 명분으로 아이를 대한다. 아이의 가치관과 생활 태도를 부모가 바로잡아줘야 한다고 생각한다.

이 과정에서 부모는 아이 문제를 자기 문제로 생각하고, 아이를 자신의 삶 속으로 데리고 들어오는 실수를 범한다. 때로는 강요 아닌 강요가 되기도 하고, 직접 개입해 지시나 명령이 당연하게 되어버린다. 아이가 스스로 자기 삶을 찾을 수 있도록 분리해서 생각하기가 힘들어진다.

아이는 부모를 선택했을 때 부모가 무엇을 해주길 원해서 나에게 온 것이 아니다. 단지 부모가 자기 존재 자체만으로 기뻐해주기 때문에 우리에게 온 것이다. 아이는 존재하는 것만으로도 부모에게는 큰 선물이다. 우리는 왜 점점 이 사실을 잊어갈까?

아이는 엄마가 조금 서툴러도, 완벽하지 않아도 늘 엄마를 사랑한다. 뭐든 척척 잘하지 않아도 엄마니까. 원태연 작가의 '그냥 좋은 것이 가장 좋은 것'이라는 말처럼 무엇 때문이 아니라 그냥 좋기 때문에 가장 좋아하는 것이다.

부모도 늘 아이를 사랑한다. '그냥, 너라서' '너이기 때문에' 좋아한다. 다른 이유가 없다. 이것이면 된다. 바르게 키워야 한다는 책임감의 안경이 아이를 향한 사랑의 마음을 가리지 않도록 조심하면 된다. 존재만으로도 기쁘다는 마음만 품고 있으면 충분하다. 육아의 주체는 부모가 아니라 아이니까 말이다.

? 질문으로 함께 성장한다

육아를 할 때도 하브루타 질문 독서 방법으로 하면 된다. 독서할 때 질문은 아이가 던진다. 선생님이 요구하는 질문이 아니라

162

아이 스스로 주체가 되어 만든다. 자신이 궁금한 것이나 이해가 잘 안 되는 것을 질문한다. 앞에서 질문은 아이의 관심이고 현재라고 했다.

육아를 할 때도 똑같다. 아이가 하는 소소한 질문을 부모가 잘 살피면 된다. 부모가 아이에게 주려는 마음을 접고, 아이가 하는 말에 함께 웃고 함께 느끼는 것이 중요하다.

커뮤니케이션 전문가인 도로시 리즈는 질문의 7가지 원리를 말하면서 "질문은 마음을 열게 하고 귀를 기울이게 한다"고 했다. 엄마가 아이를 도와주려면 아이를 먼저 알아야 한다. 눈에 보이는 아이가 아니라 마음 저편에 꽁꽁 숨어 있는 무언가부터 발견해야 한다. 도로시 리즈의 말처럼 질문 만들기를 아이와 함께하면 서로 마음에 귀를 기울이게 된다. 질문이 아이를 향한 존중의 발판이 되어 부모를 아이 편으로 만들어준다. 즉 마음을 지원하는 든든한 후원자가 될 수 있다.

박연철 작가의 『망태 할아버지가 온다』라는 그림책이 있다. 마지막에 반전이 있는 내용이어서 아이들이 참 좋아하는 그림책이다. 『망태 할아버지가 온다』에 나오는 엄마는 맨 마지막 장을 제외하고는 처음부터 끝까지 화난 얼굴이다. 아이가 꽃병을 깼을 때 엄마는 칼날보다 날카로운 눈으로 아이를 내려다본다. 쭉 뻗은 팔을 지나 엄마의 손을 따라가면 손가락 한 개가 아이를 찌를

듯 가리키고 있다.

"너, 자꾸 거짓말하면 망태 할아버지한테 잡아가라고 한다!"

"엄마는 잘 알지도 못하면서 나보고 거짓말쟁이래. 난 정말 꽃병을 깨지 않았다고."

"왜 깼어!"

엄마의 불호령이 떨어진 뒤 아이는 두 손을 머리 위로 든 채 무릎을 꿇고 벌을 선다.

아이가 잘못하면 부모는 결과에만 집중해 아이를 혼낸다. 엄마가 아이를 야단치면 아이의 대답은 정해져 있다. "내가 안 그랬어!"라고 변명하기 바쁘다. 부모 눈치를 살피느라 아이 속마음은 깊숙이 숨어버린다.

만약 아이에게 "다치지 않았니?"라고 말하면서 먼저 아이를 안심 시킨 뒤 "꽃병이 왜 깨졌을까?"라고 질문을 던진다면 아이는 적어도 변명은 하지 않는다. 부모님이 자신을 걱정하고 믿어준다는 마음이 들어서 눈치를 보기보다는 사실대로 이야기할 용기를 낸다.

부모가 어떻게 아이에게 먼저 다가가느냐에 따라 아이 태도나 마음이 달라진다. 아이도 배려받고 존중받는 기분이 어떤 것인지 잘 안다.

엄마와 아이들이 옹기종기 모여 『망태 할아버지가 온다』를 읽었다. 그림을 자세히 보라는 미션을 주고 내가 직접 책을 읽었다.

읽는 도중 하고 싶은 말이 있으면 해도 된다고 하자 아이들은 앞 다투어 숨은 그림을 찾듯 그림을 읽어냈다. 반면 엄마들은 넋이 나간 얼굴로 감탄사만 연발했다.

"고양이가 꽃병을 깼는데 왜 엄마는 아이한테 화를 낼까요?"

"아이가 깬 거 아니야?"

"아니야! 밑에 고양이 꼬리가 보이잖아!"

엄마와 아이가 대화를 한다. 처음 책을 읽으면 엄마들 눈에는 여간해서 눈에 띄지 않는다. 아이가 화분을 깼을 때 페이지 맨 아래 끝부분에 고양이 꼬리가 살짝 보인다. 아이들은 이 부분을 용케 찾아낸다.

"9시의 숫자가 거꾸로 되어 있어요."

"아! 맞네."

"엄마의 화난 얼굴이 우리 엄마랑 똑같아요!"

"내가 언제?"

엄마는 웃음으로 멋쩍게 부인해본다.

"근데 왜 엄마를 잡아갔어요?"

"그야, 엄마가 거짓말했으니까 그렇지!"

'망태 할아버지한테 잡아가라고 한다'라고 엄마가 아이에게 협박했는데, 망태 할아버지는 반대로 엄마를 잡아갔다. 엄마들도 뒷부분의 반전에 재미있어 했다. 엄마들에게 질문을 따로 만들어 보라고 했다.

나도 그림책의 엄마처럼 아이에게 화만 낼까?

내가 화를 낼 때 아들 마음은 어땠을까?

나도 오해를 해서 야단을 친 적은 없었나?

내가 우리 아이에게 협박하는 말은 누구를 위한 말이었던가?

아이 마음을 들어줄 수 있는 방법은?

나의 정신줄을 잡을 수 있는 방법은?

어떻게 키워야 할까?

엄마들의 질문은 아이들과 비슷한 듯 달랐다. 아이의 처지에서 부모인 자신을 바라보는 질문이 많았다. 이 질문으로 아이들과 대화해보라고 했다. 엄마들 고민의 해답은 결국 아이들 마음이기 때문이다.

"우리 아들이 이렇게 말을 많이 하는 줄 미처 몰랐어요. 너무 놀랐어요."

"생각 없이 말한다고 야단쳤는데 아이의 기발한 생각을 보고 오히려 생각 없이 야단친 나를 후회했어요."

"이제 내가 잘 들어줘야겠어요."

엄마들이 모두 입을 모아 이야기했다. 아이도 똑같은 인격체다. 하고 싶은 말도 많고, 참고 있는 마음도 많다. 아이는 엄마 눈치를 보며, 엄마 야단을 들으며 점점 존재가 작아지고 있다. 아이와 함께 이야기할 시간을 만들어야 한다.

지금부터 시작해야 한다. 늦었다고 생각할 때가 가장 빠르다는 것을 우리는 알고 있다. 밝은 아이로, 행복한 아이로 성장하기를 바란다면 부모도 함께 성장해야 한다. 아이와 같은 상황에서 엄마도 스스로 질문을 만들어보면 된다. 질문 자체에 아이를 공감하는 능력이 있기 때문이다.

하브루타로 아이와
대화하며 소통하기

초 1 딸: 하브루타는 도깨비 방망이다.

아빠: 하브루타는 솔선수범이다.

? 가족 하브루타의 놀라운 힘

가족 하브루타란 무엇인가?

초 3 아들: 설탕이다.

초 1 딸: 도깨비 방망이다.

아빠: 솔선수범이다.

엄마: 비밀의 정원이다.

168

가족 하브루타에 대한 우리 가족의 한 줄 느낌이다. 달콤한 것을 좋아하는 아들은 부모와 함께 보내는 시간이 설탕을 먹는 것처럼 달콤하고 즐겁다는 이유에서다. 딸은 질문을 만들고 이야기를 했을 뿐인데 자기 소원이 이루어지는 것이 신기해서 그렇단다. 아빠는 아이들 이야기를 들으면서 그동안 인식하지 못했던 자기 행동을 반성하게 되고, 아이들이 속상하다고 말하기 전에 먼저 이해를 해야겠다는 자기반성 때문이다. 나는 앞서 말한 바와 같이 질문에는 아이의 숨겨진 진짜 생각이 담겨 있기 때문에 비밀의 정원이라고 했다.

처음 우리나라에 하브루타를 벤치마킹한 전성수 교수는 유대인이 성공과 행복이라는 두 마리 토끼를 다 거머쥔 비결은 가족 하브루타라고 했다. 그는 행복의 시작과 끝은 가정에 있다면서 유대인에게 가장 행복한 순간이 언제냐고 물어보면 가족이 모여 허심탄회하게 친밀한 대화를 나누는 시간이라고 했다고 한다. 가족끼리 나누는 많은 대화가 행복을 이끄는 가장 중요한 요소이기 때문이다.

우리는 무엇보다 가족끼리 서로 소통이 잘되기를 원한다. 그래서 가족회의 날짜를 정해서 하는 가정도 있고, 그때그때 상황별 주제에 따라 가족이 모여 토론 시간을 만드는 경우도 있다. 문제는 좋은 취지에서 시작한 가족회의가 싸움으로 끝나는 집도 가끔 있다는 것이다. 소통하려고 시작한 대화가 왜 싸움으로 끝날까? 이유는 다양하다. 하지만 공통점은 있다. 서로 대화하는 데 익숙하지 않아서다.

우리에게 질문 문화가 익숙하지 않은 것처럼 대화하고 토론하는 문화도 익숙하지 않다. 질문도 연습하면 좋은 질문을 할 수 있는 것처럼, 가족 하브루타를 시작하면 가족끼리 진정한 소통을 할 수 있다. 가족 하브루타에는 서로 마음을 공감해 자발적으로 실천하게 하는 힘이 있기 때문이다.

"우리 남편은 절대 안 변할 거라 생각했는데 변하더라고요!"

가족 하브루타를 하는 엄마 이야기다. 처음에 가족 하브루타를 해보라고 권하면 엄마들이 주로 하는 말이 있다. "우리 남편은 황소 고집이에요" "갖은 방법을 다 동원해도 안 되더라고요." 남편의 일방적인 소통이 가족의 불통을 만든다고 한다. 아이들이 아빠와 대화하기를 거부한다는 이야기도 자주 듣는다.

그런데 가족 하브루타를 실천한 부모들은 입을 모아 이야기한다. "절대 안 변할 거라 생각했던 남편이 변하고 있어요!"라며 그동안 있었던 에피소드를 쉴 새 없이 꺼내놓는다. "가족 하브루타는 솔선수범이다"라고 내 남편이 이야기했듯이 가족이 함께하면 자발적인 실천에 동기부여가 된다.

우리 집은 매주 토요일 오후가 되면 가족이 모여 하브루타를 한다. 주제는 다양하다. 여행 계획이 있으면 여행에 대해 하기도 하고, 아이들의 방학 계획표나 숙제를 하브루타로 하기도 한다. 특별한 거리가 없을 때는 주로 아이들이 읽고 싶은 책을 들고 오면 책을 매개로 가족이 대화를 시작한다.

한번은 강밀아 작가의 『착한 아이 사탕이』 그림책을 초등 1학년 딸아이가 골랐다. 가족이 서로 읽고 싶은 분량만큼 읽고 질문을 만들었는데, 딸이 만든 질문에 눈길이 가는 것이 있었다.

엄마는 왜 물풀을 안 사줬을까?

사탕이 책에는 물풀 이야기가 없는데 딸은 사탕이를 보면서 물풀에 관한 질문을 만들었다.

왜 사탕이는 착한 척했을까?
엄마는 왜 사탕이 마음을 몰라줬을까?

착한 행동을 하는 사탕이를 보면서 딸은 사탕이와 사탕이 엄마에 대한 질문을 먼저 만들었다. 그리고 세 번째 질문이 '엄마는 왜 물풀을 안 사줬을까?'였다.

『착한 아이 사탕이』에서 사탕이는 엄마 말을 잘 듣는 착한 아이다. 장난감 가게에서도, 동생이 사탕이가 아끼는 그림을 찢어도 화를 내지 않는다. 넘어졌을 때도 엄마가 "우리 사탕이 착하지!"라는 말을 하면 울지 않는다. 사탕이는 엄마 말을 잘 듣는 것이 착한 행동이라고 생각한다. 딸은 이런 사탕이를 보면서 질문을 만들었다. 딸에게 물었다.

"왜 이 질문을 만들었어?"

"사탕이 엄마가 사탕이 마음을 몰라주는 것 같아서."

"왜 그렇게 생각했어?"

"사탕이가 정말 하고 싶은 것은 엄마 때문에 다 참잖아."

"사탕이가 참는 것 같아?"

"엄마 말을 잘 들어야 하니까 하고 싶은 것이 있어도 마음만 아파하고 엄마한테는 착한 척만 하잖아. 그러니까 나처럼 사탕이 표정이 시무룩하잖아."

"너처럼 시무룩하다고?"

"엄마도 나보고 착하다고 말하잖아! 그래서 엄마를 속상하게 안 하려고 참는 것이 많아. 그럴 땐 마음이 조금 아픈데 참아야 하니까 얼굴이 시무룩하게 변하는 거야."

"정말 미안해. 엄마가 채원이 아픈 마음을 몰라줬구나. 엄마가 어떡하면 딸 마음이 좋아질까?"

"소원이 있는데 엄마가 들어주면 좋겠어."

"그래? 그게 뭐야?"

"학교 가면 친구들이 액체괴물을 만들어 가지고 노는데 그런 친구들이 너무 부러워. 교실에서 친구들을 보면 조금 슬퍼. 엄마가 액체괴물이 싫다고 물풀을 절대 안 사주니까 나는 한 번도 못 가져가잖아. 나도 한 번만 가져가게 해주면 좋겠어."

조금 더디게 성장하는 아들과 다르게 딸은 또래보다 생각이 깊고 성격이 꼼꼼한 편이다. 하교를 하면 알림장에 적힌 준비물이나 숙제를 스스로 챙긴다. 혼자 씻고, 머리를 말리고, 내일 입고 갈 옷까지 꼭 챙겨놓고 잠자리에 든다. 잔소리할 일이 없기 때문에 주변에서 부러워할 만큼 착한 아이다. 한번 안 된다고 하면 이해를 잘해주는 편이다.

나는 내가 딸아이와 잘 통한다고 생각했다. 그런데 나도 사탕이 엄마처럼 내 딸을 나의 울타리에 가두고 있었다.

하브루타를 하면서 나는 지속적으로 아이를 대하는 나를 반성하고 성찰하는 기회를 마련한다. 남편이 '솔선수범'이라는 한 줄 소감을 말한 것도 같은 이유에서다. 물론 처음에는 하브루타를 어색해했다. 남편은 아들과 이야기하면서 친구 때문에 힘들어하는 마음을 알게 되었고, 늘 의젓했던 딸의 속마음을 들으면서 점점 하브루타의 매력에 빠졌다.

이렇듯 하브루타를 하는 순간에는 아이들 마음이 자연스럽게 표출되고, 부모는 이에 공감하는 계기가 된다. 그래서 가족 하브루타는 FAMILY_{Father And Mother I Love You}의 어원처럼 행복을 불러오는 선물과도 같다.

❓ '부담 내려놓기'가 먼저다

독서 토론을 하는 도중에 한 부모님이 웃으며 하소연을 했다. "하브루타가 좋은 건 알겠는데 어떻게 시작해야 할지 모르겠어요." "말문이 열린다는데 왜 우리 아이는 말을 안 할까요?" 종종 이런 질문을 하는 부모님들이 있다.

처음 하브루타를 접하면 분명 좋다는 것을 실감한다. 나도 그랬다. 첫 강의를 들을 때 그 설렘을 잊을 수 없다. '빨리 집으로 돌아가 우리 아이와 해봐야지!' 머릿속이 온통 이 생각뿐이었던 적이 있다. 집으로 달려와 아이에게 책을 읽자고 하는데 아이의 첫마디는 "지금 읽기 싫은데!"였다. 설레던 내 마음에 브레이크가 걸리자 당황스러웠다. 아마 질문을 던진 부모님들과 비슷한 마음이었을 것이다.

이럴 때는 한 걸음 물러나야 한다. 잘못 시도했다가는 아이가 강요한다는 느낌을 받을 수 있고, 숙제해야 하는 것처럼 엄마와 무언가 해야 할 무거운 짐으로 생각하기 때문이다. 아이에게도, 엄마에게도 부담이 되어서는 안 된다.

이런 부모님들에게 권하는 게임이 있다. 아이 마음을 여는 것이 먼저다. 그 대신 게임은 무조건 부모님과 함께해야 한다. 둘씩 짝이 되어 함께 즐겁게 할 수 있으면 다 좋다.

내가 주로 하는 게임은 별 그리기다. 달팽이길 찾기와 비슷한 게임이다. 빈 종이에 별을 크게 그린다. 1cm 정도 간격을 두고 큰 별 안에 작은 별을 하나 더 그린다. 그림을 다 그렸다면 게임 준비는 끝났다. 별과 별 사이 간격을 길이라고 한다면, 좁은 길을 따라 연필로 한 바퀴 돌면 끝이다. 이때 둘이서 짝을 지어 별을 그리는데, 한 명은 눈을 감은 채 별을 그리고, 한 명은 짝이 잘 그릴 수 있도록 설명하면 된다. 짝이 길이 아닌 곳을 가더라도 다시 별과 별 사이의 길로 잘 인도하면서 한 바퀴를 돌아 시작점으로 오면 끝이다. 이것을 역할 바꾸기로 한 세트 반복하면 된다.

아이와 부모가 함께하는 첫 시간은 꼭 이 게임으로 수업을 연다. 그러면 항상 성공적이다. 게임을 시작하자마자 엄마와 아이는 배꼽을 잡느라 난리가 난다.

"엄마, 똑바로 그려봐!"

"아니, 옆으로 말고 아래로 가라고!"

"그만, 그만, 그만! 잠깐 멈춰봐! 다시 돌아와!"

"그렇지, 그렇지. 아래로 조금만 더!"

웃느라 제대로 설명조차 하기 힘들 정도로 재미있다. 즐겁고 행복한 둘만의 시간을 오롯이 가질 수 있다. 게임이 끝나면 서로서로 게임한 느낌을 이야기하고, 칭찬의 말을 상대에게 해주는 것으로 마무리한다.

"내 마음 같지가 않네요."

"눈을 뜨고 싶었는데 참느라 혼났어요."

"힘들었지만 끝까지 성공할 수 있도록 도와줘서 고마워!"

아이와 엄마들의 소감은 똑같다. 게임이 끝나면 삐뚤삐뚤 서로 그려놓은 그림만 봐도 웃음이 난다. 웃음만큼 마음도 활짝 열린다. 이렇게 마음을 열어놓고 책을 읽고 질문을 만들고 생각을 나누면 한결 편하고 가볍게 시작할 수 있다. 아이에게는 공부가 아닌 놀이하는 시간이 되고, 엄마에게는 아이를 이해하고 기다려주는 계기가 되는 시간이 된다.

첫 시간에 내가 이 게임을 하는 이유가 또 있다. 게임이 끝나면 부모님들에게 나와 우리 아이 관계를 별 그리기와 비교해보라고 한다. 내가 그림을 그릴 때의 답답함이 우리 아이가 살아가는 길이라고 생각해보면 어떨까?

잘하고 싶어도 자기 생각대로 잘되지 않는 어쩔 수 없는 마음일 때 나는 아이를 더 많이 이해하고 기다려줄 수 있다. 다그치고 틀렸다고 혼내는 것이 아니라 지금 이 순간처럼 힘든 심정을 헤아릴 수 있다.

짝 토론을 할 때 아이가 말을 빨리 하지 않아도 그 마음으로 기다려주면 된다. 내가 정한 답에 대한 부담을 내려놓고 엄마 이야기를 먼저 들려주면서 아이 마음을 열어주면 된다. 아이와 하브루타를 할 때뿐만 아니라 평소에도 서로서로 이해하는 마음을 다지는 계기가 되기도 한다.

스스로 끊임없이 '왜?'라는 질문하기

교육은 '무엇을 알고 있는가'가 아니라
'어떻게 생각하는가'를 가르치는 것이다. - 존 듀이

? 마침표를 물음표로 바꾸는 연습

교육은 '무엇을 알고 있는가'가 아니라 '어떻게 생각하는가'를 가르치는 것이다. 그래야 남의 생각이 아닌 자기 생각을 키워나갈 수 있기 때문이라고 존 듀이가 말했다.

누군가 이미 발견한 사실만 많이 아는 사람은 지식이 풍부한 사람일 뿐이다. 그 지식으로 나만의 관점을 담아야 내 것이 된다. 많이 아는 것으로 그치면 안 된다. 기존의 생각 위에 '왜?' '어떻게?'라는 물음표를 던질 때 나만의 사고를 시작할 수 있다.

영국의 물리학자 윌리엄 브래그는 새로운 사실을 발견하는 것보다 더 중요한 것은 '새로운 사고 방법'을 발견하는 일이라고 했다. 다른 사람의 생각이 아닌 내 생각을 키워나가는 새로운 사고 방법이 바로 마침표를 물음표로 바꾸는 하브루타 방법이다.

이미 우리나라 기업에서도 질문을 품는 방법 하나만으로 상품을 기획해서 성공한 경우가 많다. 몇 년 전 카카오뱅크가 처음 출시되었을 때를 기억하는가. 은행 업무에 대한 생각을 전환해준 파격적인 상품으로, 출시 3일 만에 확실하게 성공을 거두었다. 카카오뱅크의 신규계좌는 그 전년 모든 시중은행의 신규개좌 개설 총가입 수보다 무려 8배나 높은 결과를 얻었다.

상품 기획 당시, 회사에서는 새로운 상품을 출시하기 위해 전 직원에게 기존 은행 상품을 사용할 때 불편한 점 등을 고려해서 질문을 만들라고 했다. 직원들이 질문을 만들고 이 질문을 분류해서 최종 8개 질문으로 수렴해 질문에 대한 답을 찾았는데, 이 과정이 획기적인 상품을 탄생시킨 기획자가 된 셈이다.

무엇보다 하브루타는 누구나 쉽게 할 수 있다. 아이도 몇 가지 방법만 익히면 혼자서 얼마든지 물음표를 품을 수 있고, 부모들도 마찬가지다. '교육'이라는 말이 왠지 부담스럽다면 단순히 물음표로 바꾸는 방법이라고 해도 괜찮다. 다음 방법으로 아이와 함께해보자.

· 왜, 어떻게, 까를 넣어서 질문을 만들어볼까요?

　예) 나는 학교에 갑니다.

　　"나는 학교에 갑니까?"

　　"왜 나는 학교에 갑니까?" "왜냐하면 공부를 하기 위해서입니다."

　　"왜 공부를 합니까?"

　　"어떻게 학교에 갑니까?" "버스를 타고 갑니다." "왜 버스를 타고

　　갑니까?"

　문장의 끝인 마침표를 물음표로 바꾸면 질문이 된다. 질문에 대답을 하면 같은 방법으로 대답을 '왜' '까'로 다시 바꾸면 또 질문을 던질 수 있다. 이 과정에서 질문은 깊이를 담아가고, 사고의 확장을 열어주는 시작점이 된다.

　수업시간에 아이들을 돕기 위해 PPT 화면에 질문 만들기 방법을 띄워준다. 상황에 따라 적절하게 활용하면 좋다.

- 느낌과 감정, 기분을 묻는 질문을 해볼까요?
- 인물에 대한 질문을 해볼까요?
- '만약 나라면'처럼 '나'와 연결해 질문해볼까요?
- 공통점과 차이점에 대한 비교 질문을 해볼까요?
- 문제 해결 방안에 대한 질문을 해볼까요?

독서를 할 때 등장인물 또는 등장인물의 감정을 묻는 질문을 던지면서 자기에게 적용하는 질문을 함께 만들면 조금 더 쉽게 접근할 수 있다.

사탕이는 왜 슬펐을까, 나라면 사탕이처럼 슬펐을까?

사탕이는 그림자의 도움으로 용기를 낼 수 있었는데 나는 어떻게 용기를 내야 할까?

솔직하게 말할 수 있는 방법은 무엇일까?

만약 질문 만들기가 힘들다면 아이와 둘이 아이가 좋아하는 노래를 부르면서 마지막을 '까'로 바꿔 부르는 놀이를 하면 된다. 동요도 좋고, 대중가요도 재미있게 부를 수 있다.

예) 정글 숲을 지나서 가자. 엉금엉금 기어서 가자.

늪지대가 나타나면 악어 떼가 나온다. 나온다.

정글 숲을 지나서 갈까? 엉금엉금 기어서 갈까?

늪지대가 나타나면 악어 떼가 나올까? 나올까?

아들과 딸이 좋아하는 노래를 손잡고 길을 걸어가면서 부르기도 한다. 재미있게 질문 놀이로 연습을 시작하면 금세 질문 척척 박사가 될 수 있다.

❓ 일기 쓰기가 쉬워지는 '질문 품기'

제목: 수박

수박은 왜 여름에 먹어야 맛있을까?

수박을 먹을 때 입이 시원했다.

기분도 시원했다.

할머니가 수박을 주셨다.

수박 때문에 많이 시원했다.

지금이 여름인가 보다.

아들이 초등 2학년 때 쓴 일기다. 아들이 쓴 일기에는 늘 질문이 있다. 질문으로 책을 읽고 대화를 나누고부터 아들은 일기 쓰기를 쉬워했다. 아들 일기를 읽고 있으면 흐뭇한 마음이 든다. 글을 잘 썼기 때문이 아니다. 아들의 생각과 마음을 들여다볼 수 있기 때문이다. 또 아들이 지금 어디에 가장 관심이 있는지도 엿볼 수 있다.

아들은 하루 중에서도 가장 기억에 남는 일을 떠올리면서 '왜'라는 질문을 만든다. '왜'라는 질문으로 자기 행동에 호기심을 더한다. '왜'를 시작으로 상상의 나래가 자유롭게 펼쳐지고, 자기만의 이유도 담아간다. 이 과정이 아들의 사고를 바다처럼 넓게 만든다.

아이들이 일기 쓰기를 힘들어하는 이유는 쓸 거리가 없기 때문이다. 아침부터 밤까지 매일이 반복 또 반복으로만 느껴진다. 친구 생일파티, 가족 여행 등 특별한 스케줄이 있을 때는 그나마 다행이다. "엄마, 일기 쓰게 우리도 놀러 좀 가자!" 친구 딸이 일기 숙제를 할 때마다 하는 말이다. 친구는 하소연하듯 한숨을 내쉰다. 아마 친구뿐만 아니라 이 말에 공감하는 부모님이 많을 것이다.

이럴 때는 하나만 알면 된다. 일상으로 다시 거슬러 올라가 가장 기억에 남는 것을 떠올리자. 내 행동이 아니어도 좋고, 사물이어도 된다. 아들은 지우개, 책상, 연필, 드라이기, 과자 등 집에서 자기 주변에 늘 널려 있는 것을 대상으로 일기를 쓸 때도 많다. 찾아보면 쓸 거리는 넘친다. 다만 그것을 발견하는 데 익숙하지 않아서 보이지 않을 뿐이다. 집에서 아이들과 주로 하는 다음의 방법이 도움이 되었으면 한다.

- 첫째, 일기를 써야 한다는 부담을 완전히 내려놓는다.
- 둘째, 그냥 마음에 드는 물건이나 가장 기억에 남는 일을 찾는다.
- 셋째, 무조건 물음표를 붙여 질문을 하나 만든다. '지우개는 왜 지우개일까?'도 좋다.
- 넷째, 만든 질문에 자유롭게 상상해서 답을 찾아본다.

- 다섯째, 일기장을 꺼낸다. 날짜와 제목을 쓴다. 만들었던 질문을 쓰고 나만의 답을 적는다. '왜냐하면 ~ 때문이다'의 문장으로 쓰는 연습을 하면 깔끔한 문장으로 생각을 정리할 수 있다.
- 여섯째, 일기 쓰기 완성이다.

이렇게 부담을 내려놓고 연습에 익숙해지면 자기 기분, 느낌, 감정을 넣어 써보자. 마음까지 담으면 일기는 나만의 특별한 에세이가 된다.

아들은 여름의 문턱에서 수박을 먹고 '왜'라는 물음표만 하나 찍었을 뿐인데 자신의 시원한 기분과 연결해 여름의 시작을 떠올렸다. 단순히 '시원하다' '맛있다'가 아니라 새로운 시선으로 계절의 의미를 담았다.

제목: 마시멜로

마시멜로는 껌, 젤리를 합친 것 아닐까?

입에 넣으면 사르르 녹고 불에 구워 먹으면 솜을 입에 넣은 것 같다. 그런데 마시멜로는 어떤 성질을 넣은 건지 모르겠다.

입에 넣으면 녹는 솜사탕을 조금 넣은 것 아닐까?

내가 처음 마시멜로를 먹었을 때는 네 살, 다섯 살 둘 중 하나다. 마시멜로를 이때부터 좋아했나보다. 구름을 먹을 수 있다면 이런 맛이 날 것 같다.

자기가 좋아하는 마시멜로를 먹고 질문을 만들었다. 그리고 먹을 때 느낌을 떠올리며 질문을 또 했다. 칠레의 시인 파블로 네루다의 질문 시처럼 질문으로 질문을 부르면서 자기만의 생각을 찾아간다. 무슨 맛일지, 무엇으로 만들었을지, 언제부터 좋아했는지를 떠올리며 구름의 맛에 비유까지 했다.

질문으로 일기를 쓰면 쉽게 쓸 수 있을 뿐 아니라 얻는 효과도 많다. 질문으로 사물에 생명을 불어넣고 가치를 부여하는 연습이 된다. 생각하고 곱씹어 존재에 의미를 담아내는 힘이 생긴다. 바꾸어 말하면 이 힘은 내 존재가치를 존중하는 힘이 된다.

아인슈타인은 성공하는 삶을 살려고 애쓰지 말고 가치 있는 사람이 되도록 노력하라고 했다. 질문이 나를 재발견하는 과정이라면, 일기 쓰기는 나를 성찰하는 시간이다. 질문은 매일 똑같이 흘러가는 일상을 나만의 특별한 삶으로 만들어준다.

'함께하기'의 공부 방향은 어떻게 잡을까

아이와 내가 서로 믿어주고 지지하는
소소한 행복의 씨앗이 큰 느티나무를 만든다.

❓ 겉도는 육아에서 벗어나자

"내가 병원장 아니어도 엄마 아들 맞잖아요. 나 그냥 엄마 아들이면 안 돼요?"

JTBC 드라마 〈SKY캐슬〉 18회에서 극중 인물 강준상이 오열을 토하며 했던 말이다. 강준상은 어머니 바람대로 최고 엘리트 코스를 밟던 인물이다. 학력고사에서 전국 1등을 하고 서울대학교 의대를 거쳐 병원장이 되기 위해 앞만 보며 열심히 달려간다. 그러나 자신을 아버지라 부르지도 못하고 세상을 떠난 친

딸 혜나의 존재를 알고부터 강준상은 자신이 살아온 길을 돌아보게 된다. 자기 인생에는 그동안 자기가 없었다는 것을 깨닫고 어머니에게 원망 아닌 원망을 한다.

강준상이 울분을 토해내며 처절하게 절규했던 대사 가운데 "나 그냥 엄마 아들이면 안 돼요?"에는 많은 의미가 들어 있다. 그는 자신이 이루어놓은 결과에 대단한 자부심으로 살아왔다. 그런데 왜 그런 절규를 했을까?

강준상: 넌 왜 의사가 되었냐?
후배 의사: 엄마가 하라고 해서요….
강준상: 에휴, 불쌍한….

강준상이 회식 장소의 화장실 앞에서 후배 어시스트 의사와 나눈 대화다. "엄마가 하라고 해서요…"는 '그냥 엄마 아들'로 살지 못한 이유를 보여주는 대사다. 강준상은 "에휴, 불쌍한…"이라는 독백에서 자기 모습을 떠올렸을 것이다.

남들이 만들어놓은 성공이라는 이미지를 쫓아온 그는 자신 안에 '나'가 진짜 원하는 일이 무엇인지 알지 못한 채 살아왔다. 엄마가 설정해놓은 길을 그냥 내 길인 양 부지런히 달려온 것이다. 나이 쉰에 그는 비로소 자기 인생에 대해 고민하게 된다. 도대체 누가 그를 허상만 쫓게 했을까?

공공기관 프로그램 수업에서는 마지막 수업시간에 늘 아이들에게 설문조사를 한다. 질문지에는 여러 항목이 있다. 그중 수업에 참여하게 된 동기를 묻는 질문이 있는데 대부분 초등 아이들 답변은 정해져 있다. '홈페이지 또는 부모 권유'라고 적혀 있는 난에 체크한다.

그런데 한 아이가 손을 든 적이 있다. 보기를 조금 바꿔서 적어도 되냐고 물었다. 괜찮다고 했더니 아이는 네임펜으로 기존의 글자를 지우고 무언가 적었다. 수업이 끝난 뒤 설문지를 걷는데 까맣게 고친 글자가 눈에 띄었다. 보기 '③ 부모의 권유'에서 부모라는 글자만 남겨놓고 나머지는 까맣게 칠했다. 그리고 그 위에 '③ 부모가 억지로!'라고 써놓았다.

아이의 용기에 웃음이 나기도 하고, 씁쓸한 기분이 들기도 했다. 작은 아우성은 오직 초등 5학년 예은이만의 고민이 아님을 부모들도 잘 안다. 알면서도 당장의 경쟁에서 살아남으려면 꼭 거쳐야 하는 관문이기 때문에 어쩔 수 없다. 흔히들 "입시제도가 먼저 바뀌어야 한다"는 말로 속상함을 대신한다. 맞는 말이다. 다만 제도의 틀 안에서 아이가 혼자 싸우도록 외롭게 두지 말았으면 좋겠다.

"아이들을 위한 첫 번째 의무는 그들을 행복하게 만들어주는 것"이라는 말이 있다. 어떡하면 우리 아이가 덜 힘들어하며 공부할 수 있을까? 힘이 든다는 것은 부정할 수 없다. 하지만 〈SKY캐슬)의 우주처럼 스스로 자기가 좋아하는 것이 무엇인지도 생각하면서 조금은 즐기며 공부할 수 있도록 우리가 도와주면 어떨까? 적어도 실패했을 때 좌절이 크지 않도록, 다른 사람 탓으로 돌리지 않도록, 아이가 자기 인생의 주인이 되어 주체적으로 살아갈 수 있도록 말이다.

성공이 행복의 열쇠가 아니라 행복이 성공의 열쇠가 되도록 도와주자. 교육전문가 존 홀트는 "부모라면 아이가 경험하기 원하는 것을 자신도 경험해보려는 마음을 가져야 한다"고 했다. 내 아이가 무엇을 원하는지, 무엇을 할 때 가장 즐거워하는지 자신에 대해 생각할 수 있는 시간을 부모가 함께 가져야 한다. 단순히 아이에게 자유만 준다고 해서 "나는 아이가 원하는 것을 하게 해주고 있어"라고 말할 수 없다. 인생을 먼저 살아본 선배보다는 먼저 경험한 친구로 다가가야 한다. 아이가 자기 인생을 잘 살아갈 수 있도록 함께 경험하며 든든한 동반자로서 환경을 만들어보자.

❓ 어떻게 함께할까?

"빨리 가려면 혼자 가고 멀리 가려면 함께 가라"는 말이 있다. 행복한 동반을 하라는 말일 테다. 서로 격려하고 즐거움을 담는 걸음을 함께 걸을 때 아이도 부모도 진정한 행복을 추구할 수 있다. 부모가 아이의 든든한 지원자이자 절친이 되면 아이는 경쟁 사회 속에서도 즐거움을 잃지 않고 자신이 정말 하고 싶은 일을 찾아 행복한 성공을 이룰 수 있다.

독일의 시인 요한 볼프강 괴테는 "인생은 속도가 아니라 방향" 이라고 했다. 부모가 자녀의 단짝이 되면, 성공이 행복의 열쇠가 되는 길이 아니라 행복이 성공이 되는 목적지에 틀림없이 도착한다.

"이 시간만 유일하게 쉬는 시간 같아요. 선생님이랑 매일 책만 읽으면 좋겠어요. 힐링 시간이 따로 없다니까요!"

독서 토론을 함께하는 중등 3학년 주아의 말이다. 쉬는 시간이라는 말에 오해할 수도 있는데 우리는 결코 쉬지 않는다. 우리는 두 시간 동안 중간에 10분도 쉬지 않고 토론으로 달린다. 텍스트를 분석하고, 작가에 대해 이야기하고, 글쓰기 지도까지 하며, 가끔 관련 논문도 함께 읽는다. 두 시간이 부족할 정도로 빠듯하다. 그런데 아이들은 이 시간이 힐링 시간이라고 한다. 아이들이 이렇게 말하는 이유가 무엇일까?

주아는 독서 토론이 끝나고 집으로 돌아갈 때 엄마와 싸우기 싫다는 이유로 "선생님, 저를 제일 마지막에 내려주면 안 돼요?" 라고 요청한다. 순서대로라면 가장 먼저 차에서 내려야 하는데 엄마와 싸우기 싫어서 조금이라도 늦게 집에 들어가고 싶어한다.

주아는 고등학교 원서를 내야 하는데 자신이 가고 싶은 학교와 엄마가 원하는 학교가 다르다고 한다. 그래서 엄마 눈치만 살피다가 싸우기 싫어서 차라리 자신은 하고 싶은 것이 없다고 말해버렸다. 주아는 엄마의 폭풍 잔소리를 견디며 늘 참는다. 주아는 그림도 잘 그리고, 글도 잘 쓴다. 그런데 빠듯한 학원 스케줄에 성적이라도 떨어지면 엄마는 또 다른 학원을 끼워 넣는다.

아이들과 제롬 데이비드 샐린저의 『호밀밭의 파수꾼』을 읽었다. 주아가 만든 질문을 간단히 옮겨본다.

홀든이 정말 지키고 싶었던 것은 무엇일까? 나는?

내가 좋아하는 것은?

할 수 있는 방법은?

나에게도 피비와 같은 존재가 있을까?

주아의 질문으로 이야기를 나누면서 알았다. 주아는 요즘 매일 우울하다. 우울함은 어쩌면 더 어릴 때 시작된 것 같다고 했다. 또래들과 가볍게 이야기하면서 웃어본 적이 없다. 모두 자신을 책망하는 것 같고 비난하는 것 같아서 벗어나고 싶어한다. 홀든처럼 자기를 가두는 강박에서 벗어나 당장 자신이 하고 싶은 일을 할 용기가 있으면 좋겠기에 빨리 어른이 되기를 바란다.

190

주아는 그나마 독서시간엔 자기 이야기를 할 수 있어서 좋다고 한다. 다른 사람의 강요가 아닌 자신이 관심 가지는 것을 깊이 생각하고 질문을 던질 때 자기 미래에 희망을 가질 수 있단다. 책을 읽고 질문을 만들고 토론을 하면 '나' 자신이 주인공인 것처럼 '자기의 쓸모를 자기가 정하는 것' 같아 더할 나위 없다고 한다. 아마 주아가 독서시간이 힐링이라고 말한 이유일 것이다.

부모 눈에는 주아가 삐뚤어진 아이인 듯 보일지 몰라도 주아는 삐뚤어지지 않았다. 자기 안에 긍정이 있는 아이다. 주아는 자신을 바라보는 질문을 가장 잘 만든다. 이 질문을 자기 삶에 녹여내는 힘이 있다. 지금 내가 주아의 질문을 경청하고 공감하는 것처럼 부모가 아이의 단짝이 되면 토론 너머의 행복을 찾을 수 있다.

국어시간이 아닌 질문 독서시간을 주아가 좋아하는 이유는 자신이 주체가 되는 수업이기 때문이다. 누군가 부여해준 질문에 정답 개요표를 짜는 것이 아니라 내 삶에서 해답을 찾으려고 하기 때문이다. 내가 궁금한 것, 내가 고민하는 것으로 내 삶에 녹여내기 때문에 독서 너머의 힐링 시간을 맛보는 것이다. 이 시간을 부모님과 함께한다면 홀든에게 늘 피비가 있었던 것처럼 주아에게도 든든한 단짝이자 후원자가 생기는 것이다.

내리사랑이라는 말도 있지만 부모가 언제까지나 자식을 위해 희생해야 한다는 말은 틀렸다. 내 아이를 위해 부모는 최선을 다

한다. 그러나 희생하는 마음으로 아이를 대하면 둘 다 행복할 수 없다. 희생은 보상을 기대하게 마련이고, 보상은 결국 강요를 부를 수밖에 없다.

아이가 성인이 되었을 때 조금은 좋은 환경에서 살았으면 하는 마음은 모두 같다. 다만 방법을 바꿔보면 어떨까? 부모의 희생이 폭력이 되면 안 된다. 선택의 의지를 아이에게 건네주고 행복 선택권을 편안한 대화로 돌려주자.

앞서 말한 가족 하브루타로 스스로를 돌아보고 함께 느끼는 공감의 질문 대화로 아이를 존중하는 용기를 내보자. 아주 작은 용기라도 좋다. 지금 내가 할 수 있는 것부터 아이에게 다가가 보자.

아이가 손을 들고 질문을 시작하다

질문 대화는 아이에게 말할 기회를 주는 것이다.
양방향 교류로 자신에 대한 신뢰를 쌓게 하자.

❓ 질문 대화가 자신감을 키운다

질문이 말문 트기의 시작이다. 질문은 내 생각을 표현하는 기회이기 때문에 질문을 하지 않으면 생각도 멈춘다. 불편하고 어색해도 질문하지 않으면 사고의 힘은 능력을 잃는다. 잃어버린 힘은 거듭된 위축을 부르고 결국 자신감을 떨어뜨리는 원인이 된다.

침묵을 깨뜨려야 한다. 내 생각을 말로 표현할 때 힘을 키울 수 있다. 말은 내 생각을 부르고 명확하게 정리해준다. 질문으로 타인과 양방향 교류를 할 때 내 존재는 당당해진다. 자신에 대한 든든한 신뢰가 아이의 자신감을 부른다. 나를 밝히는 질문이 자신감을 부르는 싹틔움이기 때문이다.

하브루타 질문 수업을 하다보면 "저요! 저요! 제가 먼저 들었어요!" 엉덩이를 들썩거리며 자리에서 벌떡 일어나는 아이들이 많다. 누구를 지목할지 난감한 상황이 자주 온다. 아예 미리 차례를 정하고 수업을 시작할 때도 있다. 아이들은 끊임없이 생각하며 자기 의견을 내놓는다. 스스럼없이 자기 의견을 표현하는 모습에서 뿌듯함을 느낀다. 질문 토론을 하는 수업에서는 흔히 볼 수 있는 광경이다.

그런데 처음부터 이랬던 것은 아니다. 첫 시간에 아이들은 정반대 모습이었다.

언젠가 EBS 프로그램 〈왜 우리는 대학에 가는가〉 5부 '말문을 터라'편 인터뷰 장면을 보았다. 대학 강단에서 첫 강의를 시작하는 강사 선생님이 학생들 앞에 서는 것이 몹시 두려웠단다. 그래서 선배한테 자문했는데 선배가 큰 용기를 주었다며 이렇게 이야기했다.

"어떡해야 아이들 앞에서 떨지 않을까요?"
"절대 두려워하지 마라. 학생들은 결코 질문하지 않는다!"

선배의 말에서 왠지 씁쓸함이 느껴진다. 대학의 이 모습이 현재 우리를 적나라하게 보여주기 때문이다. 대학생뿐 아니라 성인도 마찬가지다.

부모님들과 수업하다 "발표해주실 분 손들어주세요"라고 하면 잠깐 정적이 흐른다. 좀 전까지 눈을 마주치던 분들도 고개를 숙이거나 주변을 살피며 서로 눈치를 본다.

"어머님들, 혹시 그거 아세요? 어머님들께서 손을 들지 않으면 우리 아이도 학교에서 손을 들기 힘들 거예요. 아이가 보고 있다고 생각해볼까요?"라고 하면 말이 끝나자마자 부모님들은 한바탕 웃으시고 손을 번쩍 든다.

부모라면 내 아이가 손을 번쩍번쩍 들었으면 좋겠다고 모두가 생각한다. 그런데 아이들이 손을 들기 힘들어하는 이유가 무엇일까? 대학생도 성인도 손을 드는 문화에 익숙하지 않아서다.

방송 프로그램에서 학생들은 자신이 손을 들지 않는 이유를 말했다. 친구들이 수업시간에 질문하는 모습을 보면 나댄다는 느낌이 들 때가 있고, 수업 흐름에 방해가 될까봐 질문하기가 두렵단다.

질문이 곧 배움이고 탐구다. 질문으로 내 생각을 확인하고, 질문에 대한 대답으로 사고를 키울 수 있다. 우리는 받아 적고 듣기만 하는 교육에 그간 너무 익숙해졌다. 외우고 정답을 확인하는 시험을 치르느라 질문하는 힘을 잃고 있다. 이 과정에서 오히려 내 생각을 표현할 때는 다른 사람 시선까지 고려하며 눈치를 살피게 되었다.

"한국 학생들은 질문을 안 하면 중간은 간다고 생각한다. 그러나 미국 학생들은 질문을 안 하면 바보라고 여긴다."

뉴욕대학에 다니는 한국 학생이 〈중앙일보〉와 인터뷰에서 한 말이다.

위축된 우리 아이들을 되돌릴 수 있다. 질문하는 연습을 하면 된다. 부모도 아이도 서로 함께 질문 기회를 만들어가면 된다. 가정에서 부모가 길잡이가 되어 방향을 잡아주면 질문으로 귀찮게 하던 예전의 그 생동감 넘치는 아이가 될 수 있다. 질문으로 내면의 힘을 기르고 다른 사람과 소통하며 사고를 키우면 내가 주인이 되는 주체적인 삶을 살 수 있다.

4차 산업혁명시대인 지금, 우리에게 가장 필요한 능력은 '소통 능력'이라고 미국경영연합회에서 발표했다. 21세기를 살아가는 우리 아이들이 자기 삶을 주체적으로 살려면 스스로 문제를 해결하고 자기 능력을 발휘할 힘을 키울 수 있게 지지해야 한다. 부모 지시로 아이에게 무엇을 요구하기보다 아이가 스스로 생각하고 결정할 수 있도록 선택 기회를 넘겨주어야 한다.

자신이 무엇을 좋아하는지 스스로 깊이 생각하고, 자기를 위한 결정을 많이 해봐야 자신감이 생긴다. 그리고 가장 중요한 요소인 스스로에 대한 확신과 신뢰를 갖게 된다. 서로에 대한 존중이 담겨 있고 말문을 열어주는 질문 대화가 아이의 내면과 외면의 힘을 기르는 뿌리다.

❓ 칭찬은 내적 동기 유발의 열쇠

칭찬과 격려로 아이 내면에 힘을 더해주면 아이는 스스로를 믿는 힘이 생긴다. 자신에 대한 믿음과 신뢰가 곧 자기를 존중하는 힘이기 때문에 당당하게 세상과 소통할 수 있다. 혹여나 우리 아이가 조금 위축되어 있다면 먼저 격려와 칭찬으로 동기부여부터 하자. 아이는 무엇이든 능동적으로 즐겁게 참여할 때 성취감을 느끼고 자존감을 갖는다.

아동센터 수업을 할 때 초등 1학년 여자아이가 색종이를 접어서 편지라며 내 두 손에 꼭 쥐어주었다. 차에서 꼭 읽으라는 말도 빠뜨리지 않았다. 꼬깃꼬깃 접어둔 종이를 펼치니 큼직하게 삐뚤빼뚤 적힌 글자들이 소리를 낸다.

"저는 독서시간이 제일 좋아요. 독서시간에는 내가 왕따를 안당하고 친구들과 같이 있어서 너무 좋아요. 선생님, 매일 오세요."

은경이는 늘 혼자 있다. 친구들의 놀림과 차가운 시선에 말문을 닫았다. 이제 초등 1학년인데 세상모르는 발랄한 모습은 없다. 두려움으로 가득차서 가끔 눈물만 뚝뚝 흘린다. 첫 수업을 갔을 때 은경이는 나조차 피했다.

"은경아, 짝이랑 이야기해볼까?"

"싫어요!"

"질문도 잘 만들었는데 이야기해서 멋지게 발표도 해봐야지."

"이야기하기 싫은데요."

"그럼 선생님이랑 짝할까?"

"그냥 혼자 할래요!"

은경이는 상처를 받기 싫어서 일부러 자기가 먼저 싫은 척을 했다. 친구들은 은경이가 옆에 오면 "야! 저쪽으로 가줄래?" "야! 우리 옆에 앉지 말아줄래?"를 너무 당연한 듯 말했다. 만약 은경이가 그 자리에 가만있으면 아이들은 자기들끼리 손을 잡고 다른 자리로 피해버렸다. 은경이는 친구들의 민감한 반응 때문에 마음속이 멍들어 있다.

그런데 총 열 번 수업 중 다섯 번째 수업부터 친구들도 은경이도 변하기 시작했다. 친구들이 은경이와 함께 토론하고 짝 게임에서도 거부하지 않았다. 은경이도 친구들에게 점점 마음의 문을 열었다. 아이들에게 변화를 부른 방법은 의외로 간단했다.

은경이가 책을 읽고 질문을 만들면 모르는 척 최고 질문이라며 큰 소리로 읽어주고 칭찬했다. "앗! 이건 선생님도 몰랐는데 은경이 덕분에 오늘 선생님도 새로운 것을 알았네!"라며 칭찬했다. 처음에는 은경이도 낯선지 "아니에요. 저는 바보예요!"라며 작은 목소리로 거부했다.

그럴수록 은경이에게 틈틈이 다가가 귓속말로 속삭였다. "질문을 왜 이렇게 잘 만든 거야?" "선생님은 은경이 질문에 별점을 10개나 주고 싶은데 어떡하지?"라면서 은경이 질문에 들어 있는 단어들을 구체적으로 끼워서 언급했다.

예를 들면, "은경이는 동동이 마음을 어쩜 이리도 잘 알아주는 거야?" "선생님이 먹고 싶은 사탕이랑 똑같네. 선생님도 친구 마음 알아보는 사탕 먹고 싶은데"라며 은경이 질문에 들어 있는 단어와 작품을 연결해서 칭찬과 공감을 구체적으로 했다.

은경이의 소소한 행동도 칭찬했다. "글씨 쓰기가 힘든데도 끝까지 포기하지 않고 쓰는 은경이는 마음속에 목적의식이 빛나는구나!" 사람에게 부담감을 가지고 경계하는 은경이와 간격이 점점 좁혀졌다.

수업이 끝날 때쯤이면 무조건 은경이와 옆에 앉아 있는 친구들을 함께 칭찬했다. "선생님이 보니까 오늘 수업시간에 이쪽자리 친구들이 이해와 사려가 빛났어. 지우개도 빌려주고 짝 이야기도 잘 들어주고. 박수 한 번 칠까요?" 조금 과하다 싶을 정도로 주목을 끌어주었다.

칭찬은 고래도 춤추게 한다는 말이 있다. 칭찬에 어색해하고 부담스러워해도 기분만큼은 좋은 느낌을 마음에 담게 된다. 이 작은 물결이 나비효과를 불러온다. 칭찬할 때는 무조건 아이들을 자세히 관찰해야 한다. 손가락 움직임까지 감지해서 구체적으로 칭찬해야 아이들에게 공감의 마음이 전해지기 때문이다.

질문 수업이 좋은 이유는 질문으로 아이들 생각과 마음을 짐작할 수 있어 아이들이 말하지 않아도 아이들 마음까지 자세히 살펴줄 수 있기 때문이다. 그리고 짝과 이야기를 나누기 때문에 혼자가 아니라 짝과 함께 칭찬받을 기회가 많아서 서로 결속력이 다져지게 된다. 그래서 칭찬과 격려의 효과가 더 크게 나타난다. 칭찬으로 아이들 모두를 보석으로 만들어줄 수 있다. 아이들에게 '칭찬받음'은 곧 '존중받음'과 같기 때문에 스스로를 반짝반짝 빛내는 에너지가 된다.

아이들은 『나쁜 씨앗』에서처럼 어떤 마음 때문에 삐뚤이가 된다. 외롭고 두렵고 우울한 마음을 오래두면 감정은 자기 힘을 잃게 하는 부정적 덩어리를 만든다. 기운이 없을 때 좋아하는 음식을 먹으면 힘이 나는 것처럼 칭찬이 아이 내면의 긍정에너지를 만든다. 『칭찬 먹으러 가요』에 나오는 병관이처럼 어른들 칭찬이 아이를 움직이게 하는 즐거운 내적 동기가 된다.

하브루타 독서 육아가 글쓰기 근육을 키운다

글은 내면세계를 표현하는 수단이다. 보는 것, 듣는 것, 만지는 것 등 오감으로 체험한 것을 담아내는 도구다. 사실을 기록할 뿐 아니라 마음으로 느끼고 생각한 것을 함께 적은 것이 글이다. 질문 육아는 아이 내면의 진짜 마음과 생각을 불러오는 최상의 코칭 방법이다. 질문으로 대화의 꽃을 피운 것을 그대로 옮겨 적기만 해도 글쓰기 근육이 길러진다.

어느 날 지인에게서 문자가 한 통 왔다. 아들 때문에 너무 걱정된다는 문자였다. 아들은 곧 초등 2학년이 되는데 일기 쓰기 숙제시간만 되면 곤혹을 치른단다. 어떡하면 글쓰기가 재미있고 즐거워질지 물으면서도 "아니, 그냥 싫어하지만 않을 정도라도 괜찮아!"라며 간절한 조언을 구해왔다.

학교에서 선생님이 일기 쓰기 숙제를 내주는 이유가 무엇일까? 유시민 작가는 『유시민의 글쓰기 특강』에서 "글로 쓰지 않으면 아직은 논리가 아니다. 글로 표현해야 비로소 자신의 사상과 논리가 된다. 문자로 쓰지 않는 것은 자기 사상이 아니다. 중요한 것은 뭐든 많이 쓰는 것이다"라고 했다. 하지만 아이들은 쓰기를 싫어한다. 조언을 구한 엄마가 사진 찍어 보내준 아이 일기 내용을 그대로 옮겨본다.

제목: 일기장이 없어졌다!
나는 일기를 써야 하는대 일기장이 보이질 안아서
개속 차자바도 안보여 다른 일기장에 써다.

초등 1학년에게 많은 것을 기대할 수는 없다. 맞춤법은 틀려도 된다. 여기서는 정말 글쓰기를 싫어하는 아이의 마음을 읽을 수 있다. 하지만 꾸짖을 문제는 아니다. 귀찮았는데도 썼다는 데 박수를 보낸다. 다만 생각을 더 발전시키고 글을 좀더 쓸 수 있도록 하는 자극이 필요하다.

'일기장이 없어졌다'는 제목만 보면 읽는 사람으로 하여금 흥미를 끌기에 충분히 좋은 제목이다. 좋은 글감이 될 수 있다. 좋은 글감으로 발전시켜주는 부모의 코칭이 관건이다. 물론 코칭에는 아이에게 쓰기에 대한 흥미를 불러일으키는 것도 포함되어 있다.

이 코칭 방법이 바로 질문 육아다. 질문 육아는 아이와 즐겁게 대화의 꽃을 피우는 것이다. 질문으로 아이의 진짜 생각을 읽어 말문을 열어주는 것이다.

글쓰기도 똑같다. '일기장'에 대해 아이와 질문하고 이야기를 나누면 된다. '일기장'에 대한 표면적인 것에서 출발해 자기감정을 불러일으키는 질문까지 해보자. 대화가 끝난 뒤 아이가 말했던 생각을 중심으로 글로 정리하면 그 아이만의 귀한 글이 완성된다. 감정과 생각, 즉 나의 내면세계가 표현된 가치가 담긴 글이 된다.

예를 들어, '일기장이 없어졌다'라는 일기에는 사실 기록만 있다. 여기서

202

는 성급한 부모 생각이 우선한다. '우리 아이는 왜 일기 쓰기를 귀찮아할까' 라는 걱정에서 끝내면 안 된다. 먼저 아이 마음을 읽고 아이에게 직접 질문 해야 한다. '왜 일기장이 없어졌다는 제목을 적었어?'라는 질문을 해서 아 이 생각부터 들어보자. 일기 쓰기가 싫더라도 아이에게 이 제목을 붙인 이 유는 분명히 있다. 그 이유를 듣는 것이 아이 생각을 열어주는 것이다. 아 이는 자신을 표현하는 방법을 몰라서 글쓰기가 어렵다고 말한다.

생각하는 방법을 일러주면 즐거운 상상이 가능하다. 이유를 묻고 떠오르 는 생각을 자유롭게 말하게 하는 것이 생각 열기의 출발이다. 여기서 아이 는 재미와 호기심을 일으킨다. 출발만 잘해도 절반은 성공한 셈이다. 재미 있게 이야기하는 과정에서 '네 마음은 어때?' '네 기분은 어때?' '왜 일기가 쓰기 싫어?' '일기 쓸 때 어떤 마음이야?' 등의 감정이나 마음을 들여다보 는 질문을 던져 아이가 자기 느낌을 말하게 하면 된다.

아이는 자기가 말하는 것을 좋아한다. 질문을 던지고 아이 마음에 경청 하고 공감하면 부모 역할은 끝이다. 이것이 글쓰기 코칭 방법이다. 아이가 자신이 했던 말을 떠올리며 정리만 하면 글쓰기는 완성된다. 사실뿐만 아 니라 진짜 아이의 생각과 마음이 들어 있는 아이만의 가치가 담긴 보석 같 은 글이 된다.

생활글뿐만 아니라 독후감 쓰기도 같은 방법으로 하면 된다. 질문이 아 이 생각이라고 했다. 책을 읽었다면 기억에 남는 구절이 있다. '왜 그 부분 을 필사하고 싶은지' 이유를 먼저 말하게 하고 연결해서 질문을 만들면 된 다. 나만의 생각이 담긴 창의적인 질문에 대한 답을 바로 찾아 그 생각을 옮기면 나만의 독창적인 독서감상문이 된다.

질문과 이야기가 있는 독서로 감상문을 쓰는 순서를 간단히 적어본다.

첫째, 읽고 싶은 책을 아이들과 고른다.

둘째, 인상 깊은 구절을 필사한다.

셋째, 왜 필사했는지 이유를 말해본다.

넷째, 내 경험과 연결해서 말해본다.

다섯째, 필사 또는 전체 내용, 이미 내가 했던 이야기에서 총체적으로 궁금한 것을 질문한다.

여섯째, 질문에 꼬리를 물고 생각을 자유롭게 말한다.

일곱째, 나만의 한 줄 메시지를 찾는다.

여덟째, 지금까지 이야기했던 생각을 글로 정리한다.

아홉째, 완성이다.

"글쓰기는 티끌 모아 태산이 맞다." 유시민 작가의 말이다. 그는 글로 쓰지 않으면 논리가 아니라고 했다. 질문으로 생각 근육을 키웠다면, 문자로 생각의 조각을 모은 것이 글이다. 내가 뱉은 귀한 생각을 글로 정리할수록 내 논리는 체계적으로 된다. 이것이 바로 글쓰기 근육이다.

질문으로 아이 생각을 열고 즐거움을 주었다면, 글쓰기 근육으로 내면을 표현하는 능력을 길러주자.

5장

독서와 함께하는
하브루타
질문 육아

하브루타 질문 독서는 '어떻게 생각할 것인가'를 가르쳐주는 독서다.
생각하는 방법을 바꾸어 새로운 생각을 탄생시킨다.
질문을 품고 독서를 하면 남과 다르게 생각할 수 있다.
질문의 해답을 찾는 과정에서 나만의 의미와 가치를 담을 수 있다.
'질문'과 '이야기'가 있는 즐거운 책 수다를 벌여보자.

독서 습관과 자존감, 두 마리 토끼 잡기

하브루타 독서는 공부가 아니라
아이의 긍정에너지를 키우는 즐거운 책 수다다.

❓ 즐거운 수다가 있는 질문 독서

"벌써 시간이 이렇게 됐어요?"

"다음에는 뭐 읽을 거예요?"

질문 독서가 끝날 때마다 아이들이 하는 말이다. 책읽기를 하다보면 두 시간이 모자란다. 한참 주거니 받거니 이야기하다보면 언제 시간이 지나갔는지 모를 때가 많다.

어른들의 말을 듣기만 하는 아이들은 무료함을 느낀다. 똑같은 질문이 지루할 수밖에 없다. 하지만 질문 독서시간은 아이들이 주체가 된다. 드라마 주인공이 되어 스스로 몰입한다. 내가 만든 질문으로 짝과 대화하면서 즐겁게 소통한다. '내가 하는 질문'은 '나의 관심'이기 때문에 아이는 '내가 궁금한 것' '내가 관심 있는 것'에 재미와 흥미를 느낄 수밖에 없다.

아이들은 책읽기를 좋아한다. 나이가 어릴수록 책과 노는 시간이 많다. 신기한 점은 초등학교에 입학하고 학년이 올라갈수록 독서량이 점점 줄어든다는 것이다. 성인도 마찬가지다. 우리나라 사람 1인당 한 달 평균 독서량은 0.75권이다. 책을 좋아하는 사람들을 제외하면 한 달에 한 권도 읽지 않는 사람이 많다는 결론이 나온다. 아이들은 커갈수록 공부하는 양이 많아진다. 그러다보니 두꺼운 줄글 책을 읽을 시간이 없다. 그런데 무엇보다 아이들이 책을 멀리하는 이유는 즐기기 위한 독서가 아니라 쓰기 위한 독서가 되어가기 때문이다.

책읽기 첫 시간에 아이들은 '지루해요' '따분해요' '재미없어요' 등의 말을 뱉으면서 독서교실로 들어온다. 책읽기가 부담이 되면 안 된다. 즐겁고 재미있게 내 생각의 날개를 자유롭게 펼치면서 읽어야 한다.

아이들이 독서 수업을 어떻게 하는지 알리기 위해 지역아동센터 부모님들을 만났다. 부모님들에게 먼저 질문을 했다.

"독서 하면 무엇이 떠오르나요?"

"그냥 싫어요!"

"공부하는 것 같아 가슴이 답답해요."

"나는 책을 읽을 나이가 아니다? 이미 지나갔어요! 책은 내가 읽는 것이 아니라 아이들이 읽는 겁니다."

시원이 아버님 말씀에 모두가 폭소를 터뜨렸다. 공감의 웃음 같았다.

부모님들에게 또 물었다.

"우리 아이들은 책읽기를 어떻게 느낄까요?"

"힘들어하나요?"

경란이 어머님이 걱정스럽게 말씀하시자 이어서 태희 어머님이 대답하셨다.

"우리 태희는 독서시간이 제일 좋대요. 신난다고 했어요."

부모님들이 여기저기서 고개를 끄덕였다.

아동센터에 오는 아이 25명 중 23명이 '친구들과 말을 많이 해서 신났다' '책이 좋다' '재미있고 또 하고 싶다' '기분이 좋아진다'라고 써준 소감문을 부모님들에게 보여주었다.

하브루타 질문 독서는 공부가 아니다. 즐거운 수다다. 아이들과 신나게 책을 읽으려면 먼저 쓰기에 대한 부담을 내려놓고 즐거운 수다부터 해야 한다.

연필을 잡는 순간, 아이들은 시시포스가 커다란 돌을 계속 산 꼭대기로 올려야 했듯이 무거운 굴레에 빠진다. 책을 쓰기 위한 수단으로 생각하면 하기 싫은 생각부터 든다. 하기 싫은 것에는 장사가 없다. 소를 우물가에 데려가도 스스로 물을 먹지 않으면 소용없다.

스스로 하게 하려면 즐거움을 담도록 해줘야 한다. 쓰기를 내려놓아야 아이들은 편안하게 이야기에 몰입할 수 있고, 알고 싶은 물음표도 생긴다. 아이들이 궁금한 것을 이야기하면 잘 들어주고 그것을 되물어주면 된다. 그러면 아이는 마치 놀이를 하는 것처럼 즐겁게 책을 읽는다. 즐거움을 담는 시작이 중요하다. 흥미로움을 장착하고 책읽기를 하기만 하면 논리력과 사고력은 자동으로 따라온다. 자신이 궁금한 질문으로 친구들과 책 수다를 하기 때문에 자신만의 논리와 사고가 성장한다.

아동센터 아이들뿐만 아니라 하브루타 독서를 하는 모든 아이는 얼굴에 생기가 돈다. 내가 궁금한 것에 대해 말을 많이 하는 것. 질문하면서 서로서로 더 깊은 사고를 끌어내는 것. 시간이 어떻게 흘러갔는지 모르는 것. 또 읽고 싶은 것. 이것이 바로 즐거운 습관이 되는 질문 독서다.

재미와 흥미가 습관을 만든다. 내가 진심으로 궁금한 것을 질문하면서 책을 읽은 아이들은 나중에 어른이 되어서도 즐거운 독서를 할 수 있다.

? '함께 읽기'가 존중이다

하브루타 질문 독서는 혼자 읽는 것이 아니라 함께하는 책읽기다. 책읽기로 아이들의 의견을 존중하고 소통하는 것이 아이들의 자존감을 높이는 방법이다. 함께 책을 읽고 질문으로 서로 생각을 나눌 때, 한 사람이 말을 하면 상대는 집중해서 듣고 이야기가 끝나면 짝이 질문으로 답을 돌려준다. 상대의 말을 자세히 듣지 않으면 상대에게 답을 돌려줄 수 없다.

하브루타 독서에서는 질문하는 것뿐만 아니라 경청하는 자세도 중요하다. 상대의 말에 귀를 기울이는 자세가 곧 존중이기 때문이다. 아이는 짝과 이야기하면서 존중을 배운다. 존중하고 존중받는 느낌을 온몸으로 체화한다. 부모와 아이가 대화할 때도 서로 말을 귀담아듣고 함께 대화를 주고받는 태도에서 아이는 존중받음을 느낀다. 여기서 아이는 자존감이 쑥쑥 자란다.

"당신은 보석상자와 금궤처럼 헤아릴 수 없이 많은 재산을 가졌을 수도 있습니다. 하지만 당신은 절대 저보다 부자일 수 없습니다. 저에게는 책을 읽어주시는 어머니가 계시니까요."

할 어반의 『긍정적인 말의 힘』을 읽을 때 마음에 와닿은 명언이다. 밤마다 아이들이 그림책을 들고 오는데, 피곤할 때는 귀찮아한 적도 있다. 그런데 이 글을 읽는 순간, 아이의 처지에서 다시 생각하는 계기가 되었다.

유대인 부모는 다양한 방법으로 아이들의 책읽기를 지도한다. 식탁에서 토라와 탈무드에 나오는 이야기로 재미있게 이야기하고, 잠들기 전에는 배드타임 스토리 시간을 갖기도 한다. 우리가 알고 있는 많은 유대인은 어린 시절 매일 부모님과 함께한 시간이 있었기에 자신이 성공할 수 있었다고 말했다. 심리학자 프로이트도 어머니 덕분에 자긍심을 가질 수 있었으며 훗날 성공할 수 있는 힘을 얻었다고 말했다.

많은 유대인 어머니는 자녀 교육 방법 중 하나로 배드타임 스토리를 꼽았다. 이것이 그들의 생활이라고 한다. 부모는 매일 밤 아이가 잠들기 전에 배드타임 스토리로 아이를 재운다. 아이가 좋아하는 동화책을 읽어주거나 위인전을 읽으면서 아이의 꿈을 키우고 생각을 지지해준다고 한다. 아이와 부모의 친밀한 유대관계가 아이에게 좋은 영향을 주기 때문이다.

아이와 부모가 서로 얼굴을 보면서 대화할 때 긍정적인 애착관계가 형성되고, 이때 비로소 아이에게는 부모에 대한 신뢰가 쌓인다. 실제로 하버드대학의 연구에 따르면 부모와 함께하는 식사시간을 많이 마련했거나 어릴 때부터 대화를 많이 한 아이가 언어능력뿐 아니라 지능지수, 창의력, 문제 해결 능력도 뛰어나다고 한다.

부모와 함께하는 하브루타 책읽기에는 질문과 경청이 있다. 질문은 아이와 부모를 연결하는 진심이며, 경청에는 진심을 들어주고 지지하는 존중의 힘이 있다. 부모와 아이가 도란도란 나누는 대화가 애착을 만들고, 둘만의 시간은 사랑이 되어 오롯이 아이에게 밝은 에너지로 스며들어 자존감을 만든다. 부모와 함께하는 즐거움이 있는 책 수다로 아이의 독서 습관과 긍정에너지인 자존감까지 두 마리 토끼를 다 잡을 수 있다.

하브루타 독서 육아가
어떻게 아이를 바꿀까

함께 읽기는 힘이 엄청나게 세다.
부모는 긍정적인 아이로 키워줄 의무가 있다.

❓ 내 아이의 상황과 비슷한 내용을 찾자

아들에게, 딸에게 소소한 일들이 생기면 그와 비슷한 내용의 이야기책을 함께 읽는다. 책 속 인물과 상황에 대한 질문을 하다 보면 자기 성찰 시간으로 연결되기 때문이다. 등장인물의 상황을 다양한 각도에서 바라보면서 자신이 처한 상황과 연결하고 비슷한 감정을 떠올리며 스스로 자기 이야기를 하는 시간을 만든다. 그로써 아이는 자신의 내면과 소통하고 스스로 마음에 쉼표를 찍는다. 즉 새로운 생각을 할 수 있는 여유를 가진다.

216

이런 이유로 아들이 다섯 살, 딸이 세 살 때 임정자 작가의 『내 동생 싸게 팔아요』라는 그림책을 샀다. 물려받은 책도 많고 도서관을 이용하는 편이어서 책을 살 필요가 없었지만 이 책은 늘 곁에 두고 싶어 아이들을 위해 구입했다.

아들은 태어날 때부터 가족의 사랑을 독차지했다. 외할아버지, 외할머니와 함께 사는 아들은 집 근처에서 모르는 사람이 없을 정도였다. 할아버지는 손자를 업고 하루 종일 온 동네를 누비고 다니셨다. 동네 사람들은 아들의 엄마, 아빠는 몰라도 할아버지 손자라는 사실만큼은 알고 있었다.

그런데 두 살 터울로 동생이 태어났다. 오빠는 동생을 살갑게 대하지 않았다. 문제는 동생도 커가면서 오빠가 자기를 싫어한다고 느끼는 것이었다. 딸은 두 번째 생일날 가족의 뽀뽀를 받고 오빠의 뽀뽀도 기다렸다. 오물거리는 작은 입을 쭉 내밀고 있는데, 오빠는 동생을 힐끔 보고는 "싫어!"라고 했다.

그 후로도 오빠는 동생에게 뽀뽀를 하지 않았다. 동생은 오빠의 그 흔한 뽀뽀를 한 번도 받지 못했다. 나중에는 오히려 동생이 오빠랑 뽀뽀하기 싫다고 먼저 말해버렸다. 오빠의 무심한 눈빛을 받은 만큼 딸아이의 상처는 커져만 갔다. 엄마로서 무언가 대책을 세우고 싶었다. 고민 끝에 아이들에게 공감을 일으킬 만한 내용이 담긴 『내 동생 싸게 팔아요』를 찾았다.

짱짱이가 자전거에 동생을 태우고 시장에 간다. 동생을 팔러

간 것이다. 동생을 팔기 위해 장난감 가게에서도 꽃집 할아버지에게도 흥정한다. 고자질쟁이, 욕심꾸러기, 먹보라고 동생을 소개하는데 사려는 사람이 없다. 길에서 친구 순이를 만난다. 짱짱이는 동생을 팔기 위해 머리를 굴린다. 동생의 장점을 최대한 많이 찾아 이야기해준다. 엄마놀이할 때는 아기 역할을, 공주놀이할 때는 하녀 역할을 잘하고, 왕자님 역할도 잘할 뿐 아니라 심부름도 잘한다고 말해준다.

순이는 이런 좋은 동생을 데려가고 싶어한다. 그런데 짱짱이는 생각이 바뀌었다며 동생을 팔지 않는다. 팔기 위한 전략으로 동생 이야기를 하면서 소중함을 조금이나마 느껴서인지 빵집 아주머니, 꽃집 할아버지, 장난감 가게 언니가 다시 사겠다고 해도 뿌리치고 집으로 돌아온다.

『내 동생 싸게 팔아요』는 다행히 아이들이 좋아하는 그림책이 되었다. 책에 담긴 의미를 아는지 모르는지 아이들은 짱짱이와 동생을 보면서 참 많이 웃었다. 이 책을 읽은 날, 처음으로 오빠는 동생에게 뽀뽀를 했다. 아들이 무엇을 느꼈는지 자세히 물어보지는 않았지만 명백한 것은 있다. 내가 잔소리를 하지 않았다는 사실이다. 오빠는 '뽀뽀해라!' '안아줘라!' '좋아해라!' '사이좋게 지내라!' 등의 말을 할 때는 한 번도 동생에게 관심을 보이지 않았다. 하지만 함께 책을 읽은 뒤 스스로 행동했다.

나는 아무것도 주지 않았다. 그저 한 장 한 장 아이들이 흥미로

워하는 그림에 대해 이야기하고 '짱짱이는 왜 동생을 나쁘게만 이야기할까?' '동생은 누나가 미웠을 텐데 어떻게 참았을까?' 궁금한 것들을 이야기하면서 자유롭게 수다를 떨었다. 아이들이 감정의 고리를 뱉어낼 때 공감할 수 있도록 적절한 질문만 던지거나 가만히 들어주는 것이 내 역할이었다.

아이들은 주려고 하면 더 튕겨나간다. 스스로 자신을 돌아보고 자기 에너지를 찾을 수 있도록 함께 읽으면 된다. 스스로 느끼는 것만이 자신을 변화시킬 수 있기 때문이다. 공감을 일으키는 비슷한 주제와 내용에 대한 책을 함께 즐겁게 읽으면 아이는 가랑비에 옷 젖듯 서서히 자기 에너지를 받는다.

예를 들면, 아이들과 백희나 작가의 『알사탕』을 읽고 '어떤 사탕을 먹어보고 싶은가'에 대한 물음으로 이야기를 나누면 친구 관계에서 힘든 점, 부모님에게 하지 못했던 말 등 자기 마음을 진솔하게 들여다보고 실천 다짐까지도 한다.

용기를 내야 하는 상황이라면 『사라 버스를 타다』를 함께 읽으면 된다. 로자 팍스 이야기를 들려주면 아이는 자기 안의 두려움을 스스로 극복하는 데 도움을 받는다.

자기 생각보다는 친구 생각을 맹목적으로 따라하는 아이라면 『일수의 탄생』을 함께 읽으면 된다. 일수의 '같아요'라는 말투를 소재로 '일수는 왜 같아요라는 말을 할까?'에 대한 생각을 서로 주거니 받거니만 해도 자기 생각, 자기 존재가 얼마나 소중한지 느끼게 해줄 수 있다.

부모는 재미있게 접근할 수 있고, 아이는 즐겁게 자신에 대한 새로운 생각을 담을 수 있다. 아이에게도 어른만큼 소소하지만 무게가 무거운 문제가 많다. 무거움이 그들의 일상을 지배하지 않도록, 묵묵히 참고만 있지 않도록 '함께 읽기'로 자기 안의 에너지를 키워주자. 새로움을 담을 수 있도록 변화를 선물하자.

❓ 책을 읽으며 '나 읽기'로 가치를 담아라

「맛있는 책, 일생의 보약」이라는 수필에서 소설가 성석제는 학창시절의 경험을 회상하며 독서의 가치와 중요성을 말하고 있다. 저자는 전학 간 학교에서 취향과 상관없이 산악반 동아리 활동을 한다.

학년이 바뀌었을 때 산악반에서 활동한 경험에 비추어 되도록 몸을 많이 움직이지 않는 도서반을 선택하게 된다. 도서반 선생님은 자기 마음에 드는 책을 자유롭게 골라 읽게 하셨다. 주인공은 평소 무협지를 좋아했지만 학생들이 거의 손대지 않는 고전문학을 꺼내 읽는다.

저자에 따르면 중학교 3학년 시절 고전을 읽은 경험이 본인에게는 아주 특별한 계기가 되었다고 했다. 박지원의「허생전」을 읽으면서 '내가 주인공이라면 어떡했을지' 자꾸만 생각하게 만들었다고 했다. 책을 읽으면서 마치 자신의 정신세계가 무슨 보약을 먹은 듯이 한층 더 넓어지고 수준이 높아지는 듯한 느낌이 들었다고 했다. 일주일에 단 한 시간, 도서관에서 단 한 권을 거듭 펴서 읽었을 뿐인데도 바로 그 책 때문에 일생이 바뀌었다고 했다. 저자가 소설가로 사는 계기가 되었다고 했다. 글쓴이는 독서가 인간다운 삶을 일깨워주고 진정한 인간으로 나아가는 통로라고 말하면서 책 속에 길이 있다고 강조했다.

'책 속의 길'은 무슨 의미일까? 저자에게는 독서 경험이 자신의 인생에 지대한 영향을 미쳤다고 했다. 『허생전』뿐만 아니라 박지원의 소설 속 주인공에게 자기 삶을 적용하는 과정에서 자신의 가치를 찾았다. 저자는 소설가라는 직업을 갖게 된 결정적 계기가 책읽기였고 이런 경험이 인생을 바꾸었다고 강조했다.

아이들과 함께 책을 읽을 때 수필의 저자처럼 늘 나에게 적용하는 질문을 던지면서 읽는다. '만약 나라면'이라는 질문을 하면 습관처럼 당연하게 살아가는 내 일상이 조금 낯설게 다가올 때가 있다. '나는 원래 그래'라는 생각이 조금씩 변화를 일으킨다.

내 생각을 이야기하다보면 '내가 왜 그랬지?' 또는 '어떻게 해야 할까?'라는 물음이 생긴다. 질문에 대한 대답을 찾다보면 나를 돌아보게 된다. 현재의 나를 낯설게 바라보기도 하고, 직관하게도 된다. '성찰하는 시간'이라고 하면 거창할 수도 있지만 자기를 반성하는 시간이 되는 것은 분명하다. 반성은 성찰의 시작이다. 나를 깨우는 물음은 잊고 있던 나를 불러주고 앞으로 나를 찾아준다. 나를 향한 물음은 나를 바로세우는 데 좋은 방법이다.

알퐁스 도데의 작품 중 『스갱 아저씨의 염소』라는 그림책이 있다. 『풍차방앗간에서 온 편지』에 담긴 우화가 원작인데 에릭 바튀의 강렬한 색채가 더해져 그림책으로 전시되면서 주목받은 작품이다. 이 책은 다양한 모티브로 나를 돌아보는 계기를 주었다. 염소 블랑께뜨와 염소 주인 스갱 아저씨 행동에서 '어떻게 살아야 하는가?'를 고민하게 만들었다.

아이들과 함께 이 책을 읽으면 각자 처지에서 그리고 부모와 관계에서 '나'를 비춰보고 진정한 삶에 대한 물음이 던져진다. '엄마와 나의 관계일까?' '나는 과잉보호중일까?' '나에게는 자유가 있을까?'로 시작해 '행복하게 살려면 어떻게 살아야 할까?'까지 사고를 확장해 반성하고 성찰하는 시간을 보낸다.

만약 나라면, 나는 무서운 늑대가 있는 것을 알면서도 울타리에서 벗어날 수 있었을까?

블랑께뜨의 용기는 어디서 나왔을까?

블랑께뜨는 왜 탈출했을까?

자유롭게 산속을 뛰어다닌 염소는 얼마나 기분이 좋았을까?

내가 얻고 싶은 자유는 무엇일까?

늑대를 만났을 때 후회하지 않았을까?

내가 한 행동에 나는 얼마나 책임을 질 수 있을까?

위험을 무릅쓸 만큼 내가 하고 싶은 일은 무엇일까?

아저씨가 진짜 지키고 싶었던 것은 무엇이었을까?

나는 어떤 울타리를 가지고 있을까?

행복하게 산다는 것은 무엇일까?

어떻게 살아야 행복할까?

중등 2학년 아이들과 함께 읽었을 때 만든 질문이다. 아이들은 염소와 아저씨를 보면서 자유, 책임, 용기, 도전, 행복 같은 단어들을 떠올렸다. 처음에는 구속과 자유에 대해 고민하면서 엄마 잔소리에서 벗어나고 싶다고만 했는데, 질문을 거듭할수록 '어떻게' 행동해야 할지를 깊이 생각했다.

규리는 아저씨가 진짜 지키고 싶었던 것에 대한 물음으로 엄마의 처지를 이해했다고 했다. 아침마다 싸우기 싫어서 밥도 굶는다고 했는데, 내일부터는 밥을 먹으려고 노력해보겠다고 했다. 그리고 대화를 조금씩 시도해보겠다고 했다.

재영이는 비록 블랑께뜨는 늑대와 싸우다 죽지만 용기 내어

하고 싶은 일에 도전했기 때문에 후회하지 않았을 것이라고 했다. 자기는 하고 싶은 것이 있을 때 먼저 스스로 안 된다고 재단했는데, 이제는 할 수 있는 방법을 구체적으로 계획해보겠다고 했다. 그리고 무모한 도전이 아니라 선택과 책임에 대해 늘 고민하는 의지를 가지겠다고 했다.

서현이는 '울타리'에 대한 새로운 관점을 부여했다. 자기가 가진 울타리에 대해 친구들과 이야기하면서 처음에 울타리는 구속이나 속박이라고 생각했는데 오히려 내가 나를 지켜주는 보호의 울타리 같다고 했다. 울타리는 내 존재를 보호하고 존중하기 위해 꼭 필요하다며, 나를 당당하게 만드는 책임과 소신과도 같아서 행복한 삶을 위해, 내 가치를 담기 위해 내가 울타리를 만들고 늘 점검하며 살아야겠다고 다짐했다.

책을 읽는 동안 지속적으로 던지는 나에 대한 질문은 나를 다르게 살 수 있도록 도와준다. 물음은 나를 움직이는 작은 변화이고 새로운 방향이다. 질문이 있고 '나'가 있는 독서를 하며 다르게 살아보자.

독서로 질문하고
또 질문하기

'나는 생각한다. 그러므로 나는 존재한다.'
- 르네 데카르트

? 새로움을 발견하는 과정

질문은 나의 모름을 인식하는 동시에 새로움을 발견하는 과정
이다. 스스로 무언가를 알아가려는 의문이 나를 깨우는 힘이자
채우는 도구다.

이미 습득한 지식보다 사고하는 과정이 중요하다. 대상을 바라
보는 관점이 고착되어 있으면 고인 물처럼 발전할 수 없다. 생각
이 잠들어 있다면 질문으로 하나씩 깨워야 한다. 그것이 갇힌 생
각을 틀 밖으로 나오게 하는 방법이다.

우리가 얼마나 정형화되어 있는지 보여주는 게임이 있다. 가끔 아이들과 질문 독서를 하기 전에 생각을 활짝 열기 위해 하는 놀이다. 아이들은 놀이를 하면서 질문이 왜 중요한지 체득한다.

설명하는 사람의 말을 듣고 그대로 따라 그리는 게임인데 두 가지 방법으로 한다.

첫째, 설명하는 사람만 말을 할 수 있다. 그리는 사람은 질문을 할 수 없다. 온전히 설명하는 사람의 말만 듣고 그린다.

둘째, 그리는 사람도 질문할 수 있다. 하지만 설명하는 사람은 '예' '아니요'로만 대답할 수 있다.

두 가지 방법에 따라 모두 그림을 그리고 나면 아이들은 질문의 중요성을 깨닫는다. '예' '아니요'라는 대답만 들을 수 있어도 질문을 던지는 것 자체가 답답함을 해소해주는 사막의 오아시스처럼 느껴진다.

아이와 함께 그려보자. 어떤 모양이 나올까? 초등 6학년 아이의 설명이다.

"맨 위에 동그라미가 있어요. 동그라미 안에 작은 동그라미가 두 개 더 있어요. 바로 아래에 네모를 그리면 됩니다. 네모 안에 작은 동그라미 세 개가 또 들어 있어요. 양쪽으로는 세모가 한 개씩 있고, 아래쪽 끝에는 네모가 두 개 더 있어요."

설명이 끝났을 때 아이들은 동시에 자신이 그린 그림을 들었다. 폭소바다가 따로 없었다. 다들 배꼽을 잡고 넘어갔다. '네모를

그려요' '동그라미를 그려요'라고 했는데 크기가 모두 들쑥날쑥
했고, 모양도 제각각이었다. 직사각형도 있고, 정사각형도 있었다.

　게임의 원칙은 철저히 아이들이 듣고 싶은 대로 듣고 보고 싶
은 대로 보게 하는 것이다.

　두 번째 게임이 시작되었다. 설명은 같은 친구가 계속했다. 동
그라미를 그리고, 작은 동그라미 안에 두 개를 더 그리라고 말했
을 때 질문이 나왔다.

　"동그라미 안에 작은 동그라미 두 개를 더 그려요."

　"옆으로 나란히 그릴까요?"

　"예."

　"네모를 그려요."

　"정사각형인가요?"

　"아니요."

　"직사각형인가요?"

　"예."

　질문에 '예' '아니요'로만 대답했을 뿐인데 아이들이 그린 그림
은 크기만 조금 다를 뿐 비슷한 모양을 갖추었다. 첫 번째와 두
번째 게임 결과는 확실히 차이가 났다.

　아이들은 궁금한 것을 질문했다. 일방적인 지시에도 제자리를
찾기 위해 정보를 얻으려고 질문했다. 내가 필요한 것을 채워나
가려고 애썼다.

깨달음은 여기서 시작된다. 질문하려고 애쓰는 것에서 출발한다. 소크라테스는 "너 자신을 알라"라고 했다. 이는 단순히 부족한 너를 알라는 뜻이 아니다. 네가 무엇을 알고 무엇을 모르는지 정확히 인식하라는 의미다. 깨달음은 나의 무지를 인식하는 데서 출발한다.

일방적으로 도형을 그리게 했을 때 아이들은 답답했을 것이다. 이 답답함을 느끼는 것이 나의 모름을 인식하는 단계다. 인식을 해야 현상을 제대로 파악하고, 현재를 바로 직시해야 새로운 사고를 부를 수 있다.

소크라테스가 정치적인 희생양이 되면서까지 아테네의 젊은 이들에게 질문하고 또 질문한 이유가 무엇일까? 델포이의 아폴론신전 앞마당에 새겨진 '너 자신을 알라'는 글귀로 사람들의 무지를 깨우는 일을 한 이유가 무엇일까? 깨움이 현재 나를 변화시키는 첫걸음이기 때문이다.

❓ 진리를 탐구하는 과정

"나는 생각한다. 그러므로 나는 존재한다."

데카르트가 한 말이다. 그는 방법론적 회의주의자다. 중세의 형이상학을 비판하면서 인간과 자연에 대해 의심할 여지없는 확실한 진리를 추구한다. 그는 명석 판명한 진리를 찾기 위해 기존의 참이라고 생각한 것들을 끊임없이 의심하고 의심한다. 의심하는 과정에서 명석하다고 생각되는 수학적 진리조차 의심의 대상으로 놓았다. 어떤 것이든 끊임없이 회의해야 한다고 그는 생각했다.

그러나 이 가운데 의심할 수 없는 것이 딱 하나 있는데 그것은 '지금 내가 의심하고 있다는 사실이다'라고 했다. 즉 의심하고 있는 나는 지금 존재함이 분명하다는 것이다. 내가 살아 있음을 증명할 수 있는 것은 오직 생각하고 있는 지금의 '나'라고 했다. 끊임없이 무언가를 질문하고 질문할 때 내가 살아 있다는 말이다. 내 질문과 생각이 얼마나 중요한지 보여주는 구절이다.

독서를 할 때도 작품 내용을 독해하는 것보다 더 중요한 것은 데카르트처럼 내 의문을 따라가면서 해답을 찾으려는 과정이다. 탐구는 별것 없다. 스스로 던진 질문으로 내가 무언가를 깨달아가고, 깨달음이 있는 순간에 또 다른 배움이 싹트면 그 자체가 바로 나를 위한 진리 탐구다.

아이들과 질문을 시작하면 처음 출발한 질문에서 끝나는 경우가 거의 없다. 어떤 것이든 시작하면 꼬리 물기 질문이 꼭 이어진다. 이 과정에서 자연스럽게 깊이 있는 철학적 질문까지 던지게 되고, 즐겁게 토론으로 이어진다.

중 3 아이들과 『달과 6펜스』의 저자 서머싯 몸의 단편작품 「개미와 베짱이」를 읽었다. 아이들은 처음 제목을 보았을 때는 '뭐야? 이런 뻔한 이야기를 읽어야 하나?'라는 마음이 들었다고 한다. 읽다보니 개미와 베짱이를 너무 단정적으로 치부해버린 것은 아닌가 하는 생각이 들 정도로 두 인물의 삶을 보면서 행복의 의미에 새롭게 접근하는 기회가 되었다고 했다.

아이들은 작가에 대한 질문부터 내용에 대한 궁금증, 인물의 삶의 태도와 가치관에 대한 질문 등 자신의 궁금함을 다양하게 표출했다. 당시에 아이들의 질문 흐름이 어떻게 흘러갔는지 간략하게 적어본다.

왜 굳이 작가는 베짱이를 놀기만 하는 인물로 정했을까?

현재의 쾌락을 위해서 수단 방법을 가리지 않는 것은 옳을까?

굳이 돈을 계속 주면서까지 가문의 명예를 지켜야 했을까?

조지처럼 모든 것을 돈으로만 해결하려는 것이 옳은가?

작가는 어째서 개미와 베짱이를 형제라는 혈연관계로 맺어놓았을까?

이 작품의 화자인 '나'는 도대체 조지와 톰의 모습을 보고 어떻게 사는 삶이 더 낫다고 생각할까?

조지는 왜 젊은 시절부터 일만 하고 자신이 좋아하는 일이나 행복한 일은 하지 않았을까?

조지는 자기 삶에 만족하지 못해서 자기 삶을 공평하지 않다고 했을까?

톰은 정작 걱정과 고민 없이 편안한 삶만 살아왔을까?

톰이 형에게 미안하다는 말은 할까?

톰은 다른 사람에게 피해를 준다는 것을 알까?

내가 만약 조지와 같은 처지라면 어떤 반응을 보였을까?

다른 사람은 신경 쓰지 않고 나만을 위해서 살 수 있을까?

자신이 원하는 대로 살면 행복할까?

톰은 너무 쾌락적인 삶을 사는 것이 아닐까?

질문을 나누면서 아이들이 느낀 점을 말했다. 어떤 친구는 쾌락이라는 것은 단순히 먹고 즐기는 것이라 생각했다고 한다. 그런데 조지와 톰을 보면서 아닐 수도 있겠다 싶었다고 했다.

'조지는 왜 일만 하고 자신이 좋아하는 일이나 행복한 일을 하지 않았을까?'라는 질문으로 토론하면서 '진짜 쾌락은 행복한 것을 의미할까?'라는 질문으로 쾌락과 행복의 개념을 생각해보게 되었다.

이어 '쾌락과 행복은 어떤 연결고리가 있을까?'로 거듭 질문하게 되었고 쾌락에 대한 관점을 달리할 수밖에 없었다고 했다. 즉 행복이 곧 쾌락과 직결되는 것 같다고 말했다.

"쾌락과 행복은 어떤 연결고리가 있을까?"

"쾌락이 단순히 육체적 욕망은 아닐 것 같아."

"정신적 쾌락을 말할까?"

"정신이 즐겁다면 그것이 행복일까?"

"행복하다는 것은 내가 즐거운 것을 말하니까 어쩌면 쾌락도 그런 것일까?"

"아, 정신적·육체적으로 즐거운 것이 쾌락이라면, 힘들고 괴롭지 않은 것을 쾌락이라고 할 수 있고 행복이라 할 수도 있는 것 아닐까?"

아이들의 꼬리 물기 질문 토론에 한 친구가 감탄사를 뱉으면서 놀라운 사실이라도 발견한 것처럼 흥분하며 말했다. 그래서 '정신적으로도 육체적으로도 힘든 일이 없는 것'이라고 말한 아이의 질문이 '쾌락은 정신적·육체적 고통이 없는 것이다'라고 주장한 에피쿠로스학파의 '쾌락' 개념과 같은 것임을 아이들에게 설명해주었다.

중학교 3학년 아이들은 철학을 따로 공부하지 않는다. 수업시간에 도덕과 윤리에 대해 철학자들 이름과 유명한 개념만 짚고 넘어갈 뿐이다. 아이들 스스로 의문을 품으면서 행복과 쾌락에 대해 깊이 있는 질문을 하도록 이끌었다. 다음은 영재의 독서 후 한 줄 느낌이다.

처음 원작을 보았을 때는 항상 개미가 옳다고 베짱이처럼 노는 것은 틀렸다고 알고 있었다. 그러나 이 작품을 읽으면서 몰랐던 이야기를 알게 되었고 개미와 베짱이를 통해 질문했던 모든 것이 나에게 새로웠다. 벽 같던 내 생각은 한순간에 무너졌다.

작가의 의도를 정확하게 파악은 못했지만, 톰과 같이 현실을 즐기고 조지처럼 미래도 보면서 현재의 고통에 너무 지배당하지 않을 것이다. 현재의 어려움을 극복하려 노력하면서 나를 위한 진짜 행복을 찾아 살아볼 것이다.

독서를 할 때 질문을 시작하면 생각의 꼬리가 또 다른 꼬리를 물고 따라온다. 생각이 생각을 부른다. 어떤 질문이든 핵심 질문이 되고 의미와 가치를 담을 수 있다. 나만의 의문을 따라가면서 또 다른 의문을 만들고 해답을 찾아가는 이 과정은 질문을 던질 때만 비로소 가능해진다.

독서로 자아를 형성해
긍정에너지 깨우기

등장인물의 행동과 마음에 빗대어 미덕을 찾는
과정에서 아이의 긍정에너지가 생긴다.

❓ 미덕으로 긍정에너지 깨우기

"모든 아이의 마음에는 미덕의 보석이 있다. 아이의 내면에 있
는 보석을 스스로 깨울 수 있도록 내가 도와주자. 아이의 마음속
미덕이 반짝반짝 빛나는 보석으로 발현되었을 때 아이의 자존감
은 높아진다."

몇 년 전 『그 아이만의 단 한 사람』의 저자 권영애 선생님을 통
해 '버츄프로젝트'를 만나고 집으로 돌아오는 길에 마음속으로
다짐했던 말이다.

'버츄프로젝트'라는 미덕의 언어는 감동 자체였다. 선생님이 만난 아이들 이야기를 듣는 내내 눈물이 멈추지 않았다. '우주 최고의 선생님상'을 받았다고 했을 때 마치 내가 상을 받은 것처럼 가슴이 벅차올랐다. 아이들을 있는 그대로 존중해야 한다는 것보다 더 중요한 것을 깨달았다.

자존감이 높은 아이는 스스로를 행복하게 만드는 힘이 넘친다. 스스로 자기 긍정에너지를 만들 수 있는 가장 큰 힘이 미덕을 깨우는 일이다.

미덕 찾기는 스스로에게 용기를 주고 다시 도전할 기회를 준다. 실수에서 배우려는 겸손과 좀더 나은 자신에 대한 확신을 갖게 해준다. 미덕을 깨우고 실천하면 일상의 힘든 걸림돌이 해결의 디딤돌로 변한다. 이런 이유로 일상에서는 늘 미덕의 언어로 말하고, 독서할 때도 꼭 미덕 찾기 활동을 한다.

아이들과 질문 독서를 할 때 수업 시작부터 끝까지 미덕을 녹여낸다. 미덕은 나의 습관, 태도, 행동, 마음 전체를 아우르는 것이기 때문에 책 내용뿐 아니라 독서 전반에 걸쳐 아이들과 함께 한다.

책을 읽기 전에 아이들과 미덕 울타리를 먼저 친다. 수업시간에 자신이 빛내고 싶은 미덕 한 가지씩을 스스로 고른다. 짝과 이야기하면서 자기가 뽑은 미덕 단어로 약속을 한다. 다음은 초등 3학년 아이들의 약속 미덕이다.

예의(친구들 이야기를 끝까지 듣고 손을 든다), 끈기(글자 쓰기가 힘들어도 한 줄 더 써보겠다), 협동(오늘은 지우개를 던지지 않고 사이좋게 활동한다), 존중(내가 친절해야 친구들도 나를 존중하니까), 열정(부끄러워하지 않고 이야기를 신나게 많이 한다).

책을 읽기 전에 한 가지 활동을 더한다. '오늘 나에게 가장 빛났던 미덕'을 찾아본다. "저는 오늘 우유급식 당번이었어요. 그래서 도움이 빛났어요." "저는 용기가 대표 미덕이에요. 계단을 내려가다 친구에게 부딪혀서 넘어졌어요. 멍이 들고 많이 아팠는데 화를 안 내고 잘 참았어요." 자신의 행동과 말, 감정을 돌아보는 활동을 미리 하면 책을 읽었을 때 작품 속 인물의 감정까지 살피면서 내 삶과 비교하고 적용하는 능력까지 향상된다.

홍그림 작가의 『조랑말과 나』로 질문을 만들고 미덕 찾기 활동을 했다. 먼저 질문 만들기와 토론을 하면서 충분히 이야기를 나누었다.

이상한 녀석은 누구일까?

조랑말과 나는 닮았을까?

조랑말은 왜 네발에서 두발로 걸을까?

아이에게 조랑말은 어떤 존재일까?

조랑말은 상처를 입었는데도 아이와 함께 가고 싶었을까?

이상한 녀석은 왜 조랑말만 망가뜨릴까?

만약 나라면 조랑말을 끝까지 데리고 갔을까?

맨 뒤에 나오는 기린, 얼룩말, 거북이는 누구일까?

조랑말과 아이는 친한 친구일까?

왜 포기하지 않고 조랑말을 고쳤을까?

나를 힘들게 하는 이상한 녀석은 어떡해야 할까?

조랑말은 왜 쓰러지지 않았을까?

여러 질문 중 '조랑말과 나는 닮았을까?'라는 질문을 만든 아이가 질문했다.

"친구가 가자고 해서 그냥 따라가는 조랑말은 왜 가기 싫다는 말을 안 했을까요?"

"조랑말이 가기 싫어하는 것 같아?"

"친구가 가자고 해서 그냥 따라가는 것 같아요. 그래서 조랑말은 솔직하게 표현을 못해서 마음에 상처가 났고요. 상처 난 마음이 여러 번 반복되니까 수술자국 같은 흉터가 생긴 것 같아요."

"조랑말은 왜 싫다고 말을 안 했을까?"

"친구들에게 왕따당할까봐요. 하기 싫을 때 솔직하게 말하면 친구들이 짜증내요. 아침마다 셋이서 같이 학교에 걸어가는데 민식이가 싫어하는 우리 반 아이를 만났어요. 그 아이한테 내가 인사했다고 일주일 동안 나 빼고 둘이만 같이 다녔어요."

이 아이는 그때의 상처가 컸는지 조랑말의 흉터를 친구에게 따돌림받았을 때의 자신처럼 보았다. 마무리 활동에서 미덕과 자기만의 메시지를 찾았는데 '사랑'이라는 미덕을 썼다.

친구들에게 솔직하게 표현하려면 내가 당당해야 하는데 그동안 그러지 못해 후회된다. 조랑말의 상처를 보고 내 마음이 생각났다. 상처 난 나를 나라도 사랑해야겠다. 내가 나를 사랑하면 친구들이 나를 힘들게 해도 어쩌면 이겨낼 수 있을 것 같기 때문이다. 나는 나를 사랑할 것이다.

아이는 '어떻게 하면 상처를 받지 않을까'라는 질문을 자신에게 다시 던지면서 자신을 사랑해야겠다는 미덕으로 답을 찾았다. 독서를 하고 '어떻게'를 고민할 때 미덕 단어는 나에게 힘을 준다. 힘든 순간에 극복할 수 있는 긍정에너지를 심어준다. 미덕은 자기회복 에너지이자 긍정에너지다.

질문으로 나의 현재를 직시했을 때 미덕은 내 삶에 용기를 주는 자기 믿음이 된다. 미덕은 내 안의 두려움, 주저함, 걱정에 대해 자기 확신의 힘을 준다. 미덕은 내 안에 숨겨진 새로운 가능성을 발견하고 내 삶에서 내가 긍정적으로 살아가도록 하는 용기 에너지가 된다.

❓ 미덕으로 '어떻게'를 고민하라

감사 배려 유연성 창의성 결의 봉사 이상품기 책임감

겸손 사랑 이해 청결 관용 사려 인내 초연

근면 상냥함 인정 충직 기뻐함 소신 자율 친절

기지 신뢰 절도 탁월함 끈기 신용 정돈 평온함

너그러움 열정 정의로움 한결같음 도움 예의 정직 헌신

명예 용기 존중 협동 목적의식 용서 중용 화합

믿음직함 우의 진실함 확신

미덕에는 52가지 가치단어가 있다. '미덕 Virtues'은 1975년 미국 사우스캐롤라이나의 한 시골에서 심리학자이자 두 아들을 키우던 린다 캐벌린 포포프가 아들의 학교에서 아이들 인성교육으로 시작했다.

린다는 반에서 문제아였던 친구 다섯 명을 데리고 처음 시작했다. 아이들은 팝콘과 건포도로 글자를 만들어 의미를 익히고 실천하면서 미덕을 배워나갔다. 학기가 끝날 때쯤 이 다섯 친구는 반 친구들에게 미덕 전달자가 되어 자긍심으로 그들을 이끄는 미덕천사로 변했다.

이것을 출발점으로 해서 인류사회의 보편이 되는 정신적 가치 300가지 미덕 가운데 52가지를 선별해 5가지 전략을 수립하면서 우리 삶에서 내면의 가치를 깨우는 프로그램이 되었다.

아동센터 수업을 갔을 때 6학년 성준이가 적은 소감이다.

책을 읽을 때 독서는 지루하고 피곤한데 하브루타 독서는 지루하지 않다. 친구들과 이야기하면서 모르는 것도 설명해줘서 좋았다. 나한테 가장 도움이 많이 되었던 것은 미덕을 찾으면서 인성 발달이 많이 된 것 같아서 너무 좋은 시간이었다.

성준이는 미덕을 찾고 나서부터 '덕분에'라는 말을 자주 한다. 성준이는 형제도 많고 부모님도 바쁘셔서 매일 동생을 돌본다. 혼자 힘들다고 투정하면서도 항상 '동생 덕분에' '부모님 덕분에' '가족 덕분에'라는 말을 빼놓지 않는다. 미덕을 찾고 실천하면서 긍정에너지가 생긴 것이다.

『조랑말과 나』를 읽었을 때도 '어떻게 조랑말이 끝까지 포기하지 않았을까?'로 시작해서 '조랑말이 어쩌면 주인공 자신이 아닐까요?'라는 질문을 하면서 성준이는 자기 삶에 적용했다.

조랑말은 처음에 네발로 걸었다. 조랑말은 여행을 가다가 힘든 일이 생길 때마다 잘 이겨냈다. 성준이는 조랑말이 극복을 잘한 것은 더 강해진 것이고, 그래서 네발에서 두발로 당당히 걷게 되었다고 했다. '나'의 마음의 상처를 잘 이겨낸 '또 다른 나', 즉 조랑말이 '주인공의 강한 마음'이라고 해석했다. 그리고 성준이는 계속 말을 이어갔다.

"저는 끈기를 어떻게 빛낼 수 있을까요?"

"혹시 저는 잘 몰랐을 수도 있는데 제가 힘들 때마다 잘 이겨 낼 수 있었던 것은 항상 제 옆에 있는 가족 덕분 아닐까요?"

"끈기를 가지고 항상 다 잘될 거라는 생각으로 감사도 빛내봐 야겠어요."

성준이는 바쁘신 부모님 곁에서 늘 결핍이 있을 텐데도 웃음을 지으며 다닌다. 자기에게 잠들어 있는 미덕을 깨우면서 자기 에너지를 만들었기 때문이다.

아이들은 책을 읽고 난 뒤 미덕을 찾고 그 이유를 적는다. 그 다음에는 꼭 자기가 찾은 미덕으로 '나는 어떻게 실천해볼지'도 함께 다짐한다. 미덕을 깨울 때는 '어떻게'라는 물음이 중요하다. '어떻게'가 나를 움직이는 실천이기 때문이다. '어떻게'라는 질문이 내 에너지를 찾는 과정이기 때문이다.

두 다리가 없는 마크 잉글리스가 에베레스트산 정상에 오를 수 있었던 힘은 자기 안의 에너지를 깨웠기 때문이다. 남들이 '왜 안 될까'라는 질문을 할 때 그는 '어떻게 하면 될까'라는 질문을 던졌다. '왜'라는 질문만이 아니라 '어떻게'라는 방법을 끊임없이 고민했기 때문에 마침내 정상에 오를 수 있었다.

'왜'라는 질문으로 시작해 '어떻게'라는 질문까지 할 줄 아는 아이는 자기 에너지까지 장착할 수 있다. 독서를 하고 등장인물

들의 행동과 마음에 빗대어 미덕을 찾고 '나는 어떻게 빛내볼지'
적는 과정에서 스스로를 일으키는 52가지 미덕이 내 삶에서 힘
을 발휘한다.

질문 독서로
상상력 키우기

창조는 기존의 것을 뒤집는 재발견이다.
질문 독서가 새로운 생각을 만들어낸다.

❓ 어떻게 상상력을 키울까?

"존재하지 않는 것을 상상할 수 없다면 새로운 것을 만들어낼 수도 없으며, 자신만의 세계를 창조하지 못하면 다른 사람이 묘사한 세계에 머무를 수밖에 없다."

화가 폴 호건이 한 말이다. 스티븐 스필버그가 "질문하라. 너를 둘러싼 세계에 '왜'라고 물어라"라고 했던 것과 비슷한 말이다.

우리가 상상력을 키우려는 이유는 무엇일까? 상상력이 중요한 것은 누구나 아는 사실이다. 상상력이 우리에게 어떤 영향을 주기에 키우려고 할까?

과학소설의 아버지라 불리는 쥘 베른이 『해저 2만리』를 발표한 1869년 무렵은 잠수함은 물론 쇄빙선이 발명되기 전이었다. 그런데 그의 작품에 등장하는 노틸러스호는 바다 깊은 곳을 탐색하고 얼음을 부수며 극지방을 탐험한다. 쥘 베른의 독특한 상상력이 현실보다 더 현실 같은 실재를 만들었다. 쥘 베른의 상상이 현실이 된 것은 이뿐만 아니다.

그의 작품 『지구에서 달까지』와 『달나라 탐험』에 나오는 우주선은 쥘 베른이 세상을 떠난 지 63년, 작품이 쓰인 지 90여 년 뒤 현실로 나타났다. 아폴로 8호의 선장 프랭크 보먼은 1968년 쥘 베른의 작품에 나오는 도착 지점에서 겨우 4km 떨어진 곳에 착륙했다며 놀라워했다. 쥘 베른은 한 번도 보지 못한 세계를 머릿속으로 생생하게 떠올리고 누구도 생각하지 못한 것을 과감하게 펼쳐보였다.

쥘 베른은 이런 작품을 쓰기 위해 평생 새로운 정보를 모으고 철저히 고증하면서 무엇보다 자신만의 독특한 상상력을 치밀하게 결합했다. 그는 "내 작업이란 각 나라나 각 지방에서 일어나는 특별한 모험을 상상하면서 그 모험 속에서 지구 전체, 세계 전체를 소설이라는 형식으로 그리는 일"이라고 했다. 또 "세상은 참으로 넓고 인생은 참으로 짧다"고 말했다. 작품을 창조하기 위해 모험을 하는 듯한 그의 노력과 상상력이 얼마나 중요한지를 너무나도 잘 보여주는 말이다.

창조는 현실에서 출발해 상상 속에서 완성된다. 아인슈타인은 "상상만 해도 충분하다"고 했다. 상상이 수학 공식보다 우선한다면서 사고의 본질인 심상이 먼저 나타나서 그것을 마음대로 부릴 수 있게 된 다음에야 말이나 기호가 필요하다고 했다.

아인슈타인은 수학적 논리의 대가이지만 실제로 자신의 머리로 상상하는 것이 우선이고, 직관과 감정으로 자신이 생각하는 이미지가 완벽하게 만들어진 후 현실에 증명할 때만 수학적 공식이 필요할 뿐이라고 했다. 상상이 그만큼 중요하고 현실에 우선한다는 것을 강조한 말이다. 이런 이유로 아인슈타인은 매 순간 질문을 던지면서 사고를 키워갔다.

역사가 발전한 것은 상상의 산물이라고 할 수 있다. 상상이 없었다면 새로움도 존재할 수 없을 것이다. 발전하기 위해 우리는 늘 사고한다. '왜'라는 질문으로 현재를 재발견하고 상상력으로 미래를 창조한다. 인간의 창조력은 상상력과 창의력에서 시작하기 때문에 나를 둘러싼 세계를 감각적·정서적으로 인식하고 상상의 문을 열어야 한다.

하브루타 독서는 질문이 있는 독서다. 아인슈타인과 스필버그의 말처럼 질문이 세상과 소통하는 도구이며 미래를 만드는 길이다. 질문이 상상력을 열어주는 항해사이기 때문이다. 새로운 생각을 탄생시키려면 생각하는 방법을 바꿔야 한다. 그것이 바로 질문하는 사고법이다.

생각하는 방법이 중요하다. '무엇을 알고 있느냐'보다 '어떻게 사고하느냐'가 중요한 것처럼 '무엇을 생각할지'가 아니라 '어떻게 생각할지'가 중요하다. 교육학자 지앤 뱀버거는 "오늘날의 교육은 이론을 가르치면서도 이를 실제 세계에 적용하는 방법은 가르치지 않는데 이것이 상상력 결핍으로 이어진다"고 했다.

정답을 요구하는 틀 안에서 우리는 새로움을 추구해야 한다. 책을 많이 읽는다고 해서 해결되는 것은 아니다. 글자만 읽어서는 안 된다. 책 밖으로 나가야 한다. 질문이 그 연결 통로다. 질문으로 기존의 주어진 것을 뒤집어 생각하고 비틀어 생각해서 나만의 상상력을 더해 재통합해야 한다. 창조의 바다, 상상의 바다에 가는 모험선이 바로 질문이기 때문이다.

❓ 질문 독서로 상상력 키우기

책을 읽고 내용으로 질문을 만드는 것 외에도 아이들의 상상력을 자극하는 기법이 많다. 질문을 다양하게 활용하면 된다. 앞부분에서는 내용을 읽고 질문하는 방법을 이야기했다면, 여기서는 독서 전·중·후에 이미지 질문법으로 아이들 생각을 열어줄 방법을 몇 가지 적어본다.

독서 전 활동에서는 첫째, 책의 표지를 보면서 앞으로 어떤 이야기가 펼쳐질지 내용을 상상하고 유추해보기를 한다. 아이들에게 무조건 책의 내용을 유추해보라고 하면 어떡해야 할지 몰라 난감해한다. 그래서 처음에는 제목을 보면서 내용을 상상해보라고 하면 된다.

"왜 제목이 『스티커 토끼』일까?"

질문을 던지면 아이들은 제목을 보고 나름대로 상상을 말한다. '토끼 모양 스티커가 나와요' '칭찬 스티커를 붙이는 내용이 나올 것 같아요' 등 쉽게 말문을 연다. 정답은 없으니 리액션을 감탄사로 돌려주면 아이들이 좋아한다.

둘째, 표지 그림을 자세히 관찰하게 한다. 이때 눈에 보이는 그림을 문장으로 말하고, 문장 끝에 '다'를 '까'로 바꾸어 이야기하게 한다. '까'로 바꾸기 위해 아이들은 그림을 아주 자세히 관찰한다. 그리고 '다'로 끝나는 문장을 '까'로 바꾸고, 자신이 만든 질문에 이유를 말한 다음 나름의 답을 생각한다. 여기서 아이들은 자신만의 상상을 조금 더 많이 하는 계기를 가진다. '다'를 '까'로 바꿔서 이야기하다 보면 저절로 '왜'라는 질문으로까지 이어지기 때문이다.

토끼가 안경을 쓰고 있습니다.

토끼가 안경을 쓰고 있습니까?

왜 토끼가 안경을 쓰고 있습니까?

셋째, 그림을 보면서 떠오르는 생각이나 연상되는 단어를 적어보는 활동이다. 마인드맵을 그리는 것처럼 눈에 보이는 단어를 먼저 적고 그 단어로 연상되는 단어를 또 적어보면 된다. 이때 가장 중요한 것은 감정 단어를 적는 일이다. 감정이입이 중요하다. 감성적인 뇌를 자극해 창의성을 키울 수 있기 때문이다.

소설가 버지니아 울프는 "나는 책을 읽을 때 등장인물에게 완전히 감정이입하곤 했다. 때로는 나 자신을 잊고 그들의 세계 속으로 빠져들 때도 있었다"라고 했다. 그녀는 생산적 사고는 내적 상상과 외적 경험을 일치시킬 때 이루어진다고 생각했다. 단어를 많이 생각하고 떠올린 단어들을 강제로 연결해 잘 결합하면 나만의 독특한 스토리가 완성된다. 강제 연결 기법, 즉 떠올린 단어들로 나만의 이야기를 만들어보는 작업이 독서 전 활동의 마무리 기법이다.

독서 중 활동에서 이미지로 아이들 상상력을 자극하기 좋은 활동이 있다. 책의 글자를 가리고 그림만 보여주는 것이다. 그림만 보고 자기만의 이야기를 지어보게 한다. 내가 작가가 되어 그림에 내용을 만들어주는 것이다. 글자가 없는 그림책을 활용해도 되고, 글자가 있는 책에 글자를 가리고 해봐도 된다.

내용을 만들기 어려워하는 아이에게는 질문을 먼저 만들어보라고 하면 생각의 물꼬를 여는 데 도움이 된다. 자기만의 스토리도 더 풍성해지는 효과가 있다. 그리고 질문을 그대로 작품 내용으로 채워도 된다. 질문으로 완성한 스토리는 마치 동시를 지은 것처럼 멋짐을 담아내기도 한다.

동시를 지을 때도 이 기법을 활용하면 좋다. 그림을 보고 마음을 담아보게 하면 된다. 감정, 느낌을 묻는 질문을 만들고 질문에 대한 대답을 위주로 적으라고 지도하면, 쉽고 즐겁게 자기만의 마음이 담긴 시가 나온다. 그림과 시가 있는 풍경이 완성된다.

달팽이가 나뭇잎 위에 있는 그림을 보고 초등 4학년 남자아이가 만든 질문 시다.

달팽이는 왜 싸웠을까?

느릿느릿 어디로 가니?

올라갔다 내려갔다 엄마를 찾으러 가니?

네가 먼저 화해하려고 집으로 가니?

이 아이는 달팽이를 보면서 아침에 엄마와 싸우고 나온 자신을 떠올리며 질문으로 자신만의 스토리를 완성했다. 그림에 자기 경험과 감정을 담아 질문으로 멋진 시를 지었다.

독서 후 활동은 뒷이야기 상상하기를 하면 된다. 괴테의 어머니 카타리나는 매일 어린 괴테가 잠들기 전 동화책을 읽어주고 결말 부분을 들려주지 않은 채 괴테에게 결말을 완성해보라고 했다. 괴테는 이때 결말을 상상하고 추리하면서 창작 습관을 길렀다고 한다. 그는 어머니와 어린 시절에 이야기를 상상하는 배드타임 스토리 덕분에 자신이 문학가로 살아갈 수 있었다고 했다.

엄마와 둘이 책을 읽을 때는 길게 하지 않아도 간단하게 상상해보면 된다. 존 클라센·맥바넷의 그림책처럼 열린 결말로 끝나는 책은 마지막 페이지에 이어 이야기를 계속 진행하면 된다. 결말이 나와 있는 책은 마지막 페이지를 읽기 전에 결말이 어떻게 날지 예측하면 된다. 마지막 페이지를 다 읽고 난 뒤 상상하면 답지를 미리 본 것처럼 생각이 틀 안에 갇힐 수 있기 때문에 자유롭게 상상하기 위해 상황에 따라 적절히 활용하면 된다.

흔히 창조는 재발견이라고 한다. 뛰어난 생각을 하는 것이 아니라 다르게 생각하는 데서 새로움이 탄생한다는 뜻이다. 질문을 품으면 남과 다르게 생각할 수 있다. 아인슈타인이 위대한 업적을 남긴 가장 큰 이유가 호기심을 잃지 않은 것이었듯이, 질문으로 다르게 생각하고 나만의 사고를 가지기 위해 훈련하고 반복하면 생각 너머의 생각을 할 수 있다.

TIP

자존감 높은 아이로 키우는 노하우 10가지

노하우 1

아이의 자존감을 높이려면 '질문 3종 세트'로 아이를 존중하자. 다음의 3가지 질문이 우리 아이의 자존감을 키우는 비결이다.

"왜 이 질문을 했어?" "네 생각은 어때?" "왜 그렇게 생각해?"

어떤 순간에도 아이를 존중하자. 존중받는 아이가 자신도 존중하고, 다른 사람도 존중할 줄 안다. 아이의 긍정에너지를 만드는 가장 기본은 부모에게서 존중받는 것이다. 공부, 인성, 창의성, 꿈, 주체적인 삶 등이 모두 자존감과 직결된다. 존중받음이 곧 아이의 자존감을 만든다.

노하우 2

아이가 말할 때는 끝까지 기다려주고 아이의 눈을 마주치며 경청하자. 내가 아이를 불렀을 때 아이가 바로 달려와주기를 바랐다면, 아이도 부모와 똑같은 마음이다. 아이는 자기가 이야기할 때 엄마가 하던 일을 멈추고 눈을 마주보며 관심을 보이고 집중하기를 바란다.

경청이 곧 존중이다. 경청이 아이 자존감을 높이는 비결이다. 아이가 말할 때 끼어들지 말고, 재촉하지 말고 끝까지 기다리고 들어주자. 부모의 기다림과 인내하는 경청이 아이의 자존감을 높인다.

노하우 3

아이 마음에 교감하고 교류하는 공감을 하자. 아이는 자기감정을 대하는 부모 태도에 많은 영향을 받는다. 아이는 행동과 마음을 부모가 얼마나 잘 살펴주느냐에 따라 밝음을 담는다.

감정의 깊이를 이해하는 것이 중요하다. 아이 행동을 단정 짓지 말고 아이에게 물어보자. 앞에서 소개한 '질문 3종 세트'로 아이의 진짜 생각에 공감하자.

노하우 4

아이의 행동, 말, 마음(내면)에 대해 구체적으로 칭찬하자.

"채원아, 할머니 다리를 주물주물하는 채원이 손이 할머니를 기쁘게 하는 손이 되었네. 멋지다!"

칭찬에는 진정성이 있어야 한다. 아이가 진정성을 느끼려면 행동과 말 등 상황을 자세히 관찰하고 칭찬해야 한다. 막연한 칭찬은 아이에게 건성으로 비춰지기 때문에 칭찬 효과가 사라진다. 진심이 느껴지는 칭찬일수록 아이의 자존감이 높아진다.

긍정어를 사용하자. 랍비 웨인도식은 "부모가 하는 모든 말, 부모가 하는 모든 행동과 행위가 아이들에게 '기억 저장소'를 만든다. 이것은 아이에게 유산이자 운명이 된다"라고 말했다.

긍정어와 부정어에 대한 실험 중 잘 알려진 '밥' 실험이 있다. 14일 동안 "사랑해!" "고마워!"라고 말한 밥과, "미워!" "싫어!"를 들려준 각각의 밥이 담긴 병이 있었다. 14일이 지난 뒤 병뚜껑을 열었을 때 "사랑해"와 "고마워"를 들려준 밥은 누룩효소 냄새가 났고, "미워"와 "싫어"를 들려준 밥은 시커먼 곰팡이로 뒤덮여 고약한 냄새를 풍겼다. 어떤 환경에 노출되었느냐에 따라 영향을 받는다는 결론을 얻은 실험이다.

부모의 일상 언어가 아이들의 무의식에 영향을 미친다. 우리 아이들을 위해 긍정의 언어를 사용하고, 긍정의 에너지를 키워주자.

아이가 선택하고 결정하게 하자. 선택과 결정은 자기 주도적인 삶을 살게 해준다. 아이가 선택한다는 것은 곧 기회를 제공받는 것이다. 아이가 스스로 선택하고 결정을 많이 해볼수록 책임감이 키워진다. 선택과 결과에 대한 책임은 '나는 할 수 있어'라는 자기 믿음을 강화한다.

아이에게 선택권과 결정권을 주는 것은 자신을 믿는 존중의 힘을 더 빛나게 하는 것이다. 아이가 선택할 수 있도록 기회를 마련하고, 그 결정에 격려의 칭찬으로 힘을 실어주자.

노하우 7

스킨십을 매일 하자. 아이들은 매 순간 부모의 사랑을 갈망한다. 스킨십은 부모가 아이에게 주는 가장 큰 사랑이다. 꼭 껴안고 있을 때 아이는 부모에게서 사랑받고 있다는 안정감을 느낀다. 이때 아이는 자기 안에 있는 두려움, 불안, 걱정을 한여름 태양이 아이스크림을 녹이듯 사르르 녹인다.

부모가 알게 모르게 아이에게 보낸 냉담한 눈초리, 부정적인 말과 행동은 스킨십으로 해소된다. 마치 둘 사이에 화해하는 것과 같다. 이것이 바로 스킨십의 놀라운 힘이다.

노하우 8

배드타임 스토리 등 질문 독서를 꾸준히 함께한다. 질문 독서의 장점은 이미 알고 있을 것이라고 짐작한다. 질문 독서가 부모와 아이의 행복을 담는 열쇠다. 질문은 그 자체로 아이의 생각과 마음이다.

질문 독서는 이야기를 주고받으며 아이를 존중하고 공감하는 즐거운 수다. 마음을 나누고 교류하는 행복한 시간이 아이의 자존감을 높인다.

노하우 9

미덕의 언어로 질문하자.

"네 잘못이 아니야!" "네 마음속에 미덕이 잠자고 있어서 그래." "어떤 미덕을 깨우면 좋을까?"

모든 사람 마음에는 인성의 광산이 있다. 아이 마음속에 잠들어 있는 미덕을 깨우는 것이 아이 삶을 행복하고 긍정적인 에너지로 채우는 비결이다.

권영애 선생님은 『자존감, 효능감을 만드는 버츄프로젝트 수업』에서 '큰 나'와 '작은 나'에 대해 말한다. 밖으로 드러나는 '나'는 1%밖에 안 되는 일부분이고 무의식 속에 99%의 '나'가 저장되어 있다. 그래서 99%의 정보가 저장되어 있는 '큰 나'를 의식해야 한다고 했다.

만약 아이가 엄마에게 등을 한 대 맞았다고 하자. 이때 아이는 어떤 마음이 들까? 엄마의 무서운 눈빛은 시각으로, 등의 아픔은 촉각으로, 화내는 소리는 청각으로 무의식의 창고에 저장된다. 그리고 나중에 이 아이가 어른이 되었을 때 똑같은 상황이 벌어지면 기억 속에 저장된 대로 따라하기 쉽다. 우리 뇌는 감정적 스트레스 상태에 놓이면 두려움 에너지에 사로잡힌다. 편도체는 무의식에 저장된 과거 경험에서 가장 비슷한 것을 선택한다. 따라서 이 아이가 엄마가 되었을 때 자기 아이도 쉽게 때리게 된다. 이 때문에 의식적인 행동으로 아이의 무의식에 좋은 정보만 저장해야 한다.

지금까지의 부정적인 경험, 기억이 저장되었더라도 의식적으로 긍정의 기억으로 바꿀 수 있는 것이 바로 미덕이다. 우리 아이의 행복한 삶, 긍정적인 삶을 위해 미덕의 언어로 말해보자.

노하우 10

아이와 함께 감사한 일을 하루에 한 가지 찾아보자.

"오늘 엄마는 너무 바빴다고 했습니다. 그냥 봐도 쓰러질 것 같았습니다. 그런데 저녁에 내가 카레가 먹고 싶다고 했는데 엄마가 만들어줬습니다.

저녁을 먹고 엄마에게 말했습니다. 피곤한데도 카레를 맛있게 만들어줘서 고맙다고 했습니다. 엄마 덕분에 저녁을 맛있게 먹었습니다. 카레를 만들어 준 엄마의 마음에 감사합니다. 감사합니다. 감사합니다."

초등학교에 다니는 딸이 적은 감사 일기다. 나는 저녁만 얼른 차려주고 곯아떨어졌다. 잠자는 내 모습을 보며 딸은 삐뚤빼뚤 서툰 글씨로 감사 일기를 적어 침대 머리맡에 두었다. 편지 대신 감사 일기로 마음을 전하고 싶었다고 했다. 가끔 딸과 나는 침대에 누워 서로 오늘 있었던 일 중 감사한 일을 찾다가 잠이 들 때가 있다. 그리고 함께 '감사합니다. 감사합니다. 감사합니다'를 말하면서 킥킥거리며 웃는 얼굴로 잠든다.

양경윤 선생님의 책 『한 줄의 기적, 감사 일기』를 읽고 특강을 들은 날부터 감사 일기를 쓰기 시작했다. 감사 일기를 쓰면서 아이도 나도 변하고 있다. 회복 탄력성은 물론 긍정의 눈을 선물받은 기분이다. 일기가 아니더라도 하루 한 가지 감사한 일을 찾으면 된다.

사물, 사람, 자연 등 모든 대상과 내 몸, 내 마음에까지 감사할 일을 찾으면 된다. 아이와 함께 감사한 일을 찾으면 일상의 소소함에서 행복을 느낄 수 있다. 대상을 바라보는 관점이 따뜻한 시선으로 바뀐다. 감사 찾기가 에너지의 패러다임을 바꿔준다.

감사한 마음을 아는 아이는 즐거움을 알게 되어 습관처럼 자기 삶에 행복을 담을 수 있다. 감사의 마음이 아이의 자존감을 높인다.

《조랑말과 나》

홍그림 글·그림, 이야기꽃
한 아이가 조랑말과 긴 여행을 떠난다. 길고 긴 여행길에 고난과 시련이
닥친다. 그럴 때마다 둘은 꿋꿋하게 이겨내고 끝까지 함께 걸어간다.

활용	아이의 자존감을 높이고 싶을 때. 아이의 긍정에너지를 깨워주고 싶을 때

책 읽기 전, 이야기 나누기
• 너는 어떤 동물과 닮았어? 왜 그렇게 생각해?

낭독 후, 아이의 질문 예시
• 이상한 녀석은 누구일까?
• 왜 조랑말을 계속 고쳤을까?
• 조랑말은 다쳤는데도 왜 아이와 계속 가고 싶어했을까?
• 조랑말은 왜 나중에 두발로 걸어갈까?

엄마의 이끄는 질문
• 너에게도 포기할 수 없는 것이 있어?
  절대로 포기할 수 없는 너의 가치는 뭐야?
• 주인공 또는 너에게서 미덕을 찾아볼까?

함께 읽으면 좋은 책
《일수의 탄생》, 유은실 글, 서현 그림, 비룡소/《슈퍼거북》, 유설화 글·
그림, 책읽는곰/《세 가지 질문》, 존 무스 글·그림, 김연수 옮김, 달리/
《바보 빅터》, 호아킴 데 포사다·레이먼드 조, 전지은 지음, 원유미 그림,
한국경제신문사

《돌 씹어 먹는 아이》

송미경 글, 안경미 그림, 문학동네어린이
연수 가족에게는 각자 비밀스러운 고민이 있다. 연수의 용기로 가족은 따뜻한 대화를 나누고 서로의 다름에 대해 공감하고 존중한다.

활용	가족 간의 소통에 대한 고민이나 서로에 대한 고민이 있을 때

책 읽기 전, 이야기 나누기
• 우리 가족의 얼굴 표정을 그려볼까?

낭독 후, 아이의 질문 예시
• 연수네 가족은 왜 이상한 것을 먹을까?
• 만약 자기가 좋아하는 음식을 가족에게 먹으라고 하면 어떻게 될까?
• 연수 엄마는 왜 야단을 치지 않았을까?
• 연수는 어떻게 용기를 낼 수 있었을까?

엄마의 이끄는 질문
• 서로의 비밀을 이야기하고 난 뒤
  연수네 가족에게는 어떤 변화가 생겼을까?
• 너도 가족에게 배려(이해)받고 싶은 것이 있어?

함께 읽으면 좋은 책
《모르는 척 공주》, 최숙희 글·그림, 책읽는곰/《네모 상자 속의 아이들》, 토니 모리슨 글, 이상희 옮김, 문학동네어린이

《가시소년》

권자경 글, 송하완 그림, 리틀씨앤톡

친구들에게 '빽' 소리 지르고 화내는 소년이 있다. 너무 난폭해서 아무도 쉽게 다가가지 못한다. 아이의 공격은 자기감정을 표현하는 방법에 서툴러서 일어나는 행위일 뿐이다.

활용	화를 내거나 투정 부리는 아이, 화내는 아이의 진심을 들여다보기

책 읽기 전, 이야기 나누기
• 왜 가시소년일까?
• '가시' 하면 무엇이 생각나?

낭독 후, 아이의 질문 예시
• 왜 가시가 많을까? 왜 가시가 생길까?
• 나는 가시가 있을까? 언제 가시가 생길까?
• 가시가 없어졌을 때 기분은 어땠을까?

엄마의 이끄는 질문
• 어떻게 하면 가시가 없어질까?
• 나에게 빛나거나 깨우고 싶은 미덕을 찾아볼까?
• 가시 안에는 어떤 마음이 숨어 있을까? 나와 다른 사람을 아프지 않게 하려면 어떻게 해야 할까?

함께 읽으면 좋은 책
《나쁜 씨앗》, 조리 존 글, 피터 오즈월드 그림, 김경희 옮김, 길벗어린이/《화가 나는 건 당연해》, 미셸린느 먼디 글, R.W. 앨리 그림, 노은정 옮김, 비룡소/《소피가 화나면, 정말 정말 화나면》, 몰리 뱅 글·그림, 박수현 옮김, 책읽는곰

《망태 할아버지가 온다》

박연철 글·그림, 시공주니어

엄마는 항상 '망태 할아버지' 이야기로 아이를 혼내거나 협박한다. 아이는 잔뜩 겁을 먹고 어쩔 수 없이 엄마 말을 듣는다.

활용	협박하는 엄마, 아이에게만 추궁하는 엄마, 부모와 아이의 관계

책 읽기 전, 이야기 나누기

- 표지 그림의 손은 누구의 손일까?
- 표지 그림에 있는 아이의 마음은 어떨까?

낭독 후, 아이의 질문 예시

- 고양이가 꽃병을 깼는데 엄마는 왜 아이만 혼낼까?
- 우리 엄마도 망태 할아버지가 잡아갈까?
- 엄마한테 혼날 때 아이는 어떤 마음이었을까?

엄마의 이끄는 질문

- 너와 가장 비슷한 그림은 어떤 것이니?
- 엄마가 아이에게 어떻게 대하면 좋을까?
- 망태 할아버지에게 편지 한 번 써볼까?

함께 읽으면 좋은 책

《줄어드는 아이 트리혼》, 플로렌스 패리 하이드 글, 에드워드 고리 그림, 이주희 옮김, 논장/《너 왜 울어?》, 바실리스 알렉사키스 글, 장 마리 앙트낭 그림, 전성희 옮김, 북하우스/《고함쟁이 엄마》, 유타 바우어 글·그림, 이현정 옮김, 비룡소/《내가 엄마를 골랐어》, 노부미 글·그림, 황진희 옮김, 스콜라

《친절한 행동》

재클린 우드슨 글, E. B. 루이스 그림, 김선희 옮김, 나무상자
새로 전학 온 친구 마야를 외면하는 클로이. 마야는 클로이와 친구들의
놀림에 적응하지 못한다. 클로이는 마야가 다시 전학을 가고 난 뒤 후회
하며 친절한 행동에 대해 고민한다.

활용	친구 관계가 힘든 아이, 작은 친절(배려)에서 시작되는 친구 관계

책 읽기 전, 이야기 나누기

• 친절이란? 친절한 행동은 어떤 행동일까?
• 그림 속 아이의 기분은 어떨까? 왜 그럴까?

낭독 후, 아이의 질문 예시

• 마야의 기분은 어땠을까?
• 만약 나라면 마야를 놀렸을까?
• 만약 마야가 공깃돌 챔피언이었다면 아이들은 어떻게 대해주었을까?

엄마의 이끄는 질문

• 어떻게 하면 아이들이 서로 친해질 수 있을까?
• 어떤 말로 표현하면 향기 나는 말이 될까?

함께 읽으면 좋은 책

《One 원》, 캐드린 오토시 글·그림, 이향순 옮김, 북뱅크/《넘어진 교실》,
후쿠다 다카히로 글, 김영인 옮김, 개암나무/《혼자 되었을 때 보이는 것》,
남찬숙 글, 정지혜 그림, 미세기

《휴대폰 전쟁》

로이스 페터슨 글, 고수미 옮김, 푸른숲주니어

휴대폰은 요즘 아이들에게 중요한 의사소통 도구다. 휴대폰이 없으면 친구들 사이에서 소외되는 건 시간문제다. 클리오는 휴대폰으로 생기는 문제와 고민에 직면한다.

활용	휴대전화에 빠져 있는 아이를 위한 합리적 대안 찾기

책 읽기 전, 이야기 나누기

- 나는 휴대전화 중독일까?(뒤표지에 있는 자가 진단 테스트해보기)
- 하루에 몇 시간 정도 사용할까?

낭독 후, 아이의 질문 예시

- 케이든이 다쳤을 때 클리오는 어떤 마음이었을까?
- 휴대전화를 압수당했을 때 어떤 기분이었을까?
- 휴대전화가 없으면 정말 다른 즐거운 일이 생길까?

엄마의 이끄는 질문

- 초등학생에게 휴대폰은 필요할까?('필요하다' vs. '필요 없다'에 대해 팀을 나눠 논리적 근거를 찾아본다. 단, 차례대로 두 가지 상황이 모두 되어 스위칭 토론을 해본다.)
- 어떻게 하면 합리적으로 사용할 수 있을까?

함께 읽으면 좋은 책

《휴대전화가 사라졌다》, 최은영 글, 유설화 그림, 우리교육

《어린이 인성사전》

김용택 글, 김세현 그림, 이마주
자존, 관용, 더불어 사는 지혜에 관련된 인성 단어와 그에 어울리는 그림
이 함께 그려져 있다.

활용	그림을 보며 아이들의 감성 자극하기, 동시 쓰기

책 읽기 전, 이야기 나누기
• 내 기분과 비슷한 색종이를 골라볼까?
• 그림을 보니 어떤 느낌 단어가 떠올라?(그림만 먼저 보여준다.)
• 그림을 보니 어떤 느낌 단어가 떠올라?
  (아이 마음에 드는 그림을 골라 그림만 먼저 보여준다.)

그림(달팽이)을 본 후, 아이의 질문 예시
• 달팽이는 어디를 갈까?
• 달팽이는 등산을 잘할까?
• 달팽이는 지금 혼자일까?
• 달팽이는 엄마를 찾으러 갔을까?
• 만약 나라면 달팽이처럼 내가 생각한 목적지에 갈 수 있을까?

엄마의 이끄는 질문
• 마음에 들었던 그림의 제목을 지어줄까?
• 느낌 단어와 질문했던 것을 떠올리며 나만의 동시를 지어볼까?
• 그림과 나만의 동시를 보고 미덕을 찾아볼까?
  (동시를 다 짓고 난 뒤 인성 시를 보여준다.)

함께 읽으면 좋은 책
《아홉 살 마음 사전》, 박성우 글, 김효은 그림, 창비

큰소리 내지 않고 우아하게 아이를 키우는 그날까지
버럭엄마, 우아하게 아이 키우기
임영주 지음 | 값 15,000원

교육전문가로서 활발하게 강연중인 저자는 다년간의 육아 강연과 전화 상담을 통해 엄마들의 고민을 함께했다. 이 책은 아이를 키우는 부모라면 누구나 공감하고 힘을 얻을 수 있는 이야기들로 채워져 있어 저자의 육아법이 더 생생하게 다가온다. '버럭' 할 때마다 반성하지만 결국 며칠 뒤에는 또 '버럭' 하고 마는, 엄마도 아이도 모두 아픈 '버럭'의 악순환을 이 책을 통해 벗어나자.

나를 힘들게 하는 좋은 엄마 콤플렉스
하마터면 완벽한 엄마가 되려고 노력할 뻔했다
윤옥희 지음 | 값 15,000원

'완벽한 엄마' '좋은 엄마'가 되기 위해 애쓰다 지쳐버린 엄마들에게 육아에서 힘 빼는 법을 알려주는 책이다. '엄마가 행복해야 아이도 행복하다'를 모토로 완벽한 엄마이기를 포기하고 지금 당장 엄마의 행복연습을 시작할 것을 권한다. 아이와 조금 멀어질수록 더 가까워지는 거두기의 미학을 역설하며 엄마가 행복해질 수 있는 7가지 방법을 제시한다. 좋은 엄마 콤플렉스에서 벗어나 관계의 짐을 덜어낸 자리에 행복을 채우도록 하자.

자녀교육은 유대인 엄마처럼
차이나는 유대인 엄마의 교육법
박기현 지음 | 값 15,000원

이 책은 유대인 엄마의 차이나는 교육법을 다루었다. 자녀를 남다르게 키우기 위해서는 부모부터 스스로 고쳐야 한다. 이 책으로 지금의 자녀교육 방법을 돌아보자. 그리고 유대인 엄마의 교육법으로 아이를 키운다면 지금보다 더 건강하게 자녀를 키울 수 있을 것이다. 이 책을 통해 유대인 엄마의 교육법으로 아이의 진짜 행복을 위해 남과 비교하는 아이가 아닌 나답게 사는 아이로 키우자.

대한민국 최고 자녀 교육 멘토의 부모 수업
9가지 자녀 교육의 법칙
박경애 지음 | 값 16,000원

가족 상담과 청소년 상담, 자녀교육 등 상담학자와 교육자로서 한길만을 걸어온 자녀 교육의 멘토 박경애 교수가 한국의 부모들에게 현명하게 아이를 기르는 법에 대해 알려준다. 단순히 이론만이 아닌 저자의 상담 사례와 실제 경험 등을 바탕으로 신뢰와 설득력을 더하는 이 책은 '자녀교육의 교과서'라고 해도 과언이 아니다. 박경애 교수는 이 책을 통해 아이를 키우는 부모들에게 자녀교육의 새로운 관점과 원칙을 제공하고 있다.

엄마의 인생에서 아들이란 무엇인가
엄마 혼자 잘해주고 아들에게 상처받지 마라
곽소현 지음 | 값 15,000원

대부분의 사람이 아들을 키우는 게 힘들다고 한다. 20여 년 동안 엄마와 아들을 상담한 저자는 많은 사례를 소개하며, 아들을 키우는 구체적인 대안과 방법을 제시해 엄마들의 아들 키우기에 자신감을 준다. 이 책을 통해 아들의 성장단계에서 나타날 수 있는 문제들에 대한 객관적인 시각을 갖고 해결 방법들을 찾아갈 수 있을 것이다. 아들을 가슴에 품되, 가두지는 말자. 아들에게 '많은 것을 주는' 것보다 아들을 '믿어주는' 엄마가 되기 바란다.

아이의 자존감을 키우는 엄마의 대화법
우리 아이를 위한 자존감 수업
임영주 지음 | 값 15,000원

이 책은 아이의 자존감을 키워주는 대화법에 대해 다룬 자녀교육지침서다. 유아교육 현장에서 다양한 저술과 강연 활동을 해온 부모교육 전문가인 저자가 그동안의 경험으로 터득한 노하우를 이 책 안에 담아냈다. 아이의 행복을 위해 부모가 해야 할 가장 중요한 과업은 아이의 자존감을 북돋워주는 것이다. 이 책을 통해 엄마와 아이의 자존감을 함께 높이고, 아이의 마음까지 보듬어주는 대화법을 배워보자.

매일매일 한 문장의 힘, 위로의 힘
아이에게 힘을 주는 365일 긍정의 한마디
캐시 브라운·베티 라포트·제리 모 지음 | 이선미 옮김 | 값 12,000원

아이들이 건강한 방법으로 생각하고 느끼며 행동할 수 있도록 긍정적인 말들을 원어와 함께 담았다. 365일 동안 매일매일 긍정의 한 줄을 읽으며 스스로를 더욱 특별하고 가치 있는 사람으로 만들고, 아이들이 지닌 힘을 스스로 인정하고 앞으로 더욱 발전할 수 있도록 도와준다. 한 페이지마다 날짜가 다르게 구성되어 365일간 함께할 수 있는 이 책은 아이들에게 인생의 길잡이가 되어 하루에 한마디씩 가슴에 새겨줄 것이다.

딸이 엄마와 함께 사는 법
엄마와 딸 사이
곽소현 지음 | 값 15,000원

엄마와 딸의 갈등 원인과 해결 방법까지 다룬 심리 책이 나왔다. 딸에게 있어 가장 벗어나고 싶으면서도 인정받고 싶은 존재는 바로 엄마다. 역설적으로 딸에게 엄마는 가장 친한 친구이기도 하다. 심리치료 전문가인 저자 곽소현 박사는 20여 년간 상담현장에서 많은 딸을 만나며 모녀 사이의 갈등 해결법을 터득했다. 저자는 이 책에 오랜 시간 현장에서 쌓아온 다양하고 풍부한 엄마와 딸의 상담사례를 담았다.

양육에 지친 당신을 위한 고민처방전
엄마로 살기가 힘들 때 읽는 책
김영화 지음 | 값 15,000원

이 책은 엄마와 아이 모두가 행복해질 수 있는 양육의 지혜를 다룬 자녀교육서다. 23년째 소아청소년 정신건강의학과 전문의로 일하며 어려움을 호소하는 많은 아이들과 부모들을 만나온 필자가 자신의 경험과 노하우를 책에 모두 담아냈다. 저자는 완벽하고 헌신적인 '최고의 모범 엄마'가 되려는 마음이 육아 우울증으로 이어질 수 있다고 충고한다. 이 책을 통해 아이의 미래를 바꿀 수 있는 '엄마공부'를 시작해보자.

성교육이 우리 아이의 미래를 결정한다
우리 아이의 행복을 위한 성교육
김영화 지음 | 값 15,000원

이 책은 왜 유아기부터 성교육이 시작되어야 하는지 그 이유를 설명하고 있다. 저자는 유치원에 다닐 때부터 남녀 신체부위의 차이를 가르칠 것을 강조한다. 아이가 성에 관한 궁금한 질문을 할 때가 가장 좋은 성교육의 기회다. 아이 앞에서 성과 관련된 이야기를 나누는 게 왠지 쑥스럽다는 이유로 외면하거나 대충 말하면 안 된다. 아이의 성교육에 무지한 부모라면 이 책을 읽고 지금 당장 아이와 성에 대한 이야기를 유쾌하게 나누자.

국내 최고의 자녀 교육 멘토 박경애 교수의 부모 특강
지혜로운 부모가 행복한 아이를 만든다
박경애 지음 | 값 15,000원

가족 상담과 청소년 상담, 자녀교육 등 상담학자와 교육자로서 한길만을 걸어온 자녀 교육의 멘토 박경애 교수가 한국의 부모들에게 현명하게 아이를 기르는 법에 대해 알려준다. 단순히 이론만을 늘어놓는 것이 아니라 저자의 상담 사례와 실제 경험 등을 바탕으로 했기 때문에 신뢰와 설득력을 더하는 이 책은 '자녀교육의 교과서'라고 해도 과언이 아니다. 이 책을 통해 좋은 부모가 되기 위해서는 어떤 노력을 기울여야 하는지 깨닫게 될 것이다.

꿈을 이루기 위한 생각의 역량을 키워나가자!
청소년이라면 꼭 알아야 할 인문·경제·사회 이야기
권재원 지음 | 값 15,000원

다양한 용어들을 이정표 삼아 학습에 도움이 되는 지식을 습득할 수 있는 청소년 교양서다. 급속도로 발전하는 세상에 발맞춰 시야를 넓히려는 청소년에게 권하고 싶은 책이다. '나'라는 존재와 타인인 상대방을 이해하고, 지식과 정보를 활용해 내 인생을 주도적으로 살아가는 방법을 배워보자. 합리적이고 효율적으로 살아가기 위해 필요한 개념들을 활용해 사고의 범위를 넓히고 마음의 힘인 역량을 키우는 것을 목표로 삼도록 하자.

중학생이라면 꼭 알아야 할 교과서 과학
30일 만에 마스터하는 중학교 과학
전형구 지음 | 값 15,000원

어렵다고 느꼈던 과학을 풍부한 비유와 예시로 쉽고 재미있게 배울 수 있는 중학교 과학 학습서다. 이 책에서는 중학교 1학년부터 3학년까지의 교육과정에 나오는 내용들을 물리, 화학, 생물, 지구과학의 영역으로 나누어 꼭 알아야 할 주요 개념을 설명한다. 또한 각 글의 마지막에 '1분 과학 포인트'를 넣어 과학사에 중요한 업적을 남긴 과학자들과 과학 관련 상식을 알려주어 주요 개념뿐만 아니라 과학 상식도 함께 키울 수 있다.

중학생이라면 꼭 알아야 할 교과서 한문
30일 만에 마스터하는 중학교 한문
김아미 지음 | 값 14,000원

한자 학습에 어려움을 겪는 중학생들이 재미있게 공부할 수 있는 책이다. 이 책은 학교마다 각기 다른 한문 교과서를 쓰고 있다는 점을 고려해 각 교과서에 나오는 공통된 내용을 담아 함께 공부할 수 있도록 했다. 한자·한자어·한문·한시 등으로 영역을 나누어 각 영역에서 집중해야 할 부분들을 정리했으며, 예문들 역시 쉽고 익숙한 교과서 중심의 문장들을 활용해 내신과도 연결될 수 있도록 했다.

국어 없이 좋은 대학 없다
국어 1등급은 이렇게 공부한다
강혜진 지음 | 값 15,000원

EBS 프리미엄, 금성 푸르넷, 비타 캠퍼스 등에서 다수의 국어 강의를 인기리에 진행한 '깡쌤' 강혜진이 일찍이 볼 수 없었던 획기적인 국어 공부법 책을 출간했다. 이 책은 국어 공부를 잘 하고 싶은데 어떻게 공부해야 할지 몰라 고민하는 학생들에게 꼭 필요하다. 국어 공부 궁금증과 그에 대한 저자의 구체적인 노하우를 담은 이 책을 통해 본인에게 맞는 작은 국어 학습법을 발견해 실천해나간다면 큰 변화를 이끌어낼 수 있을 것이다.

영어 없이 좋은 대학 없다
영어 1등급은 이렇게 공부한다
정승익 지음 | 값 15,000원

EBS와 강남인강의 스타강사이자 현직 고등학교 교사인 정승익 선생님의 획기적인 영어 공부법 책이다. 영어를 잘하고 싶은데 어디서 어떻게 시작해야 할지 몰라서 고민하고 있는 학생들에게 꼭 필요한 책이다. 학생들이 알아야 할 영어 공부에 대한 모든 것이 담겼다. 무작정 공부하라고 다그치지 않고, 무지막지한 영어 공부법을 알려주지도 않는다. 이 책을 보면서 조금씩 영어를 공부하고, 천천히 자신을 변화시켜보자.

■ 독자 여러분의 소중한 원고를 기다립니다 ─────────────

메이트북스는 독자 여러분의 소중한 원고를 기다리고 있습니다. 집필을 끝냈거나 집필중인 원고가 있으신 분은 khg0109@hanmail.net으로 원고의 간단한 기획의도와 개요, 연락처 등과 함께 보내주시면 최대한 빨리 검토한 후에 연락드리겠습니다. 머뭇거리지 마시고 언제라도 메이트북스의 문을 두드리시면 반갑게 맞이하겠습니다.

■ 메이트북스 SNS는 보물창고입니다 ─────────────

메이트북스 홈페이지 www.matebooks.co.kr

책에 대한 칼럼 및 신간정보, 베스트셀러 및 스테디셀러 정보뿐만 아니라 저자의 인터뷰 및 책 소개 동영상을 보실 수 있습니다.

메이트북스 유튜브 bit.ly/2qXrcUb

활발하게 업로드되는 저자의 인터뷰, 책 소개 동영상을 통해 책에서는 접할 수 없었던 입체적인 정보들을 경험하실 수 있습니다.

메이트북스 블로그 blog.naver.com/1n1media

1분 전문가 칼럼, 화제의 책, 화제의 동영상 등 독자 여러분을 위해 다양한 콘텐츠를 매일 올리고 있습니다.

메이트북스 네이버 포스트 post.naver.com/1n1media

도서 내용을 재구성해 만든 블로그형, 카드뉴스형 포스트를 통해 유익하고 통찰력 있는 정보들을 경험하실 수 있습니다.

메이트북스 인스타그램 instagram.com/matebooks2

신간정보와 책 내용을 재구성한 카드뉴스, 동영상이 가득합니다. 각종 도서 이벤트들을 진행하니 많은 참여 바랍니다.

메이트북스 페이스북 facebook.com/matebooks

신간정보와 책 내용을 재구성한 카드뉴스, 동영상이 가득합니다. 팔로우를 하시면 편하게 글들을 받으실 수 있습니다.

STEP 1. 네이버 검색창 옆의 카메라 모양 아이콘을 누르세요. STEP 2. 스마트렌즈를 통해 각 QR코드를 스캔하시면 됩니다.
STEP 3. 팝업창을 누르시면 메이트북스의 SNS가 나옵니다.